淘宝网开店

拍摄·修图·设计·装修

实战150招

葛存山 著

人民邮电出版社
北京

图书在版编目（C I P）数据

淘宝网开店：拍摄 修图 设计 装修 实战150招/ 葛存山著. -- 北京：人民邮电出版社，2015.9
ISBN 978-7-115-40103-8

Ⅰ. ①淘… Ⅱ. ①葛… Ⅲ. ①电子商务－商业经营－基本知识－中国 Ⅳ. ①F724.6

中国版本图书馆CIP数据核字(2015)第178526号

内容提要

本书以作者多年的淘宝和天猫实战经验为依托，针对淘宝店铺装修过程中会碰到的种种迫切想解决、又迟迟不能解决的困难和难点提供了细致的解决方案。

本书共 10 章，主要内容包括商品拍摄必备基本功、商品拍摄构图技巧、服装与鞋类商品的拍摄、居家商品的拍摄、珠宝首饰与化妆品的拍摄、处理商品照片以吸引顾客目光、热卖人气网店页面设计、基本装修让店铺看起来赏心悦目、设计店铺左侧模块、设计店铺右侧促销区模块和宝贝描述模板。

本书不仅适合经营网店的个人卖家、企业家、对网店经营感兴趣的读者阅读，同时还可作为各大中专院校、培训机构的教材。

◆ 著　　　葛存山
责任编辑　赵　轩
责任印制　张佳莹　焦志炜

◆ 人民邮电出版社出版发行　　北京市丰台区成寿寺路 11 号
邮编 100164　　电子邮件 315@ptpress.com.cn
网址 http://www.ptpress.com.cn
北京瑞禾彩色印刷有限公司印刷

◆ 开本：720×960 1/16
印张：17
字数：269 千字　　2015 年 9 月第 1 版
印数：1 – 3 000 册　　2015 年 9 月北京第 1 次印刷

定价：49.00 元

读者服务热线：(010)81055410　印装质量热线：(010)81055316
反盗版热线：(010)81055315
广告经营许可证：京崇工商广字第 0021 号

前言

在信息时代，越来越多的人离不开网络，于是在网上开店做“掌柜”成了很多年轻人的创业选择。截至 2014 年 12 月，我国网民规模达 6.49 亿人，互联网普及率为 47.9%，较 2013 年底提升 2.1%；手机网民规模达 5.57 亿人，较 2013 年底增加 5672 万人。仅 2014 年 11 月 11 日淘宝和天猫的交易额就达 571 亿元。如此诱人的市场让越来越多的人把创业的目光瞄准了网络开店，尤其是一些年轻人更是视其为就业的另一条出路。

虽然网上店铺很多，但是有相当一部分店铺的销售量非常小，小到几天甚至半个月才能卖出一件商品。为什么会这样呢？除了推广之外，还有一个重要的原因是店铺的装修设计等不到位。在网购火爆的今天，一个网店除了商品和价格外，店铺的门面也很重要。在现实生活中，很多消费者是被店面的风格吸引而购物的，为了招徕顾客，网店也同样需要进行“装修”才能吸引眼球。装修店铺其实并不难，但是想要将店铺装修得十分精美却不是一件简单的事情。本书就是指引淘宝卖家怎样根据自己所卖的商品去进行商品拍摄、页面设计与装修。希望大家通过本书的学习，能打造一个独具特色的淘宝店铺，在广阔的淘宝园地中开拓出自己的一片天地。

本书适合的读者

本书适合想在网上开店创业的初学者，包括在校大学生、寻求兼职的人员、自由职业者、小企业管理者、企业白领等想在网络中寻求商机的不同职业的人；同时也适合正在经营网店，想通过网店的整体包装提升店铺档次、将生意做大做强的店主；如果您是网店设计与网店装修的专业人员，那么本书也会适用于您的。

在本书编撰的过程中，得到了淘宝多个部门“小二”的支持，他们给出了大量专业的建议。同时，本书也获得了多位淘宝大学讲师的帮助，他们贡献的大量心得，使得本书在编撰时获得多次提炼。感谢他们的无私帮助。

目录

第 10 章　设计店铺右侧促销区模块和宝贝描述模板….229

第 1 章

商品拍摄必备基本功

一个宝贝要想吸引更多买家的关注，最重要的是宝贝拍出来的图片质量和效果好。在网上，买家看不到宝贝的真实面貌，也触摸不到，只能通过图片去感受，因此，宝贝图片的质量十分关键。能拥有一张好的宝贝图片，是所有卖家的追求。漂亮精致的宝贝图片，能快速地吸引买家的目光，从而提高网店的流量。那么，商品拍摄需要掌握哪些基本功呢？

第 1 招 选择适合自己的数码单反相机

数码单反相机可以更换摄影镜头，拥有比较完整的光学镜头和配件，因此得到了专业摄影师和摄影发烧友的普遍青睐。那么如何选择适合自己的数码单反相机呢?

1. 首先应从成像质量上选择

数码相机的成像质量，除镜头质量的因素外，很大程度上取决于成像芯片的像素水平。芯片上的电荷耦合极点被称为像素点，像素点数目越多，像素水平就越高，图像的分辨率也就越高，被摄画面的表现也就越细腻清晰、层次分明；反之，画面就越显得粗糙。像素水平和分辨率越高，相机的档次与价位也就越高，成像质量也就越好。在选购数码相机时，在财力允许的情况下，分辨率当然越高越好。

2. 对焦系统：对焦点多的不一定好

现在入门级机型也基本配备多点自动对焦模块，5 点、7 点、9 点的都有，高端的甚至有 11 点、19 点，或者多达 51 点的。但是对焦系统本身的好坏并不能单纯用点数的多少来判断。实际上 5 点就已经足够应付业余摄影的需求了，更多点的自动对焦系统则是为了拍摄动体而设计的。

衡量对焦系统的好坏指标其实很简单，一是快，二是准。这两个东西很难量化，但是从对焦系统的配置上则可以推断。一般来说技术年代相近的对焦模块，十字对焦点肯定比一字对焦点更快更准。

3. 光学取景器，好坏如何衡量

光学取景器的性能是机身档次的硬指标，如果要宣称是专业级或是准专业级，那么 100% 覆盖和 0.9 以上的放大倍率是跑不了的了，中档机身则常常是 95% ~ 98% 的覆盖率和 0.87 倍左右的放大倍率，入门级机身则基本没人关注这个问题。

光学取景器用起来是不是舒服，放大倍率占很大的比重。专业级的取景器能让用户看到大而明亮的影像，100% 的视野覆盖则方便摄影师精确构图；入门级机器上会使用五面镜来代替玻璃五棱镜，取景器较暗，且覆盖率和放大倍率都差强人意，能看个大概就行了。图 1–1 所示为光学取景器。

4. LCD 除了像素数还要看色域

自从实时取景出现之后，单反相机的 LCD 就承担了越来越多的功能。衡量 LCD 的性能，除了像素数之外，还有可视角度，这是指能在上下左右多大的角度里看清 LCD，这个当然是越大越好，不过主流是 170 度。另外比较重要的一点就是色域，简单来说就是 LCD 能不能准确还原相机所拍下来的照片，色域太窄的 LCD 会出现回放照片时颜色不准的问题，目前主流水平大多在 Abode 色域 96% 左右。单反相机的 LCD 如图 1–2 所示。

图 1–1　光学取景器

图 1–2　LCD

第 2 招　选购镜头时应注意的事项

面对如此之多的镜头，到底应该怎么选择、根据什么选择，这个问题可能是很多初级用户面临的一个问题。下面介绍选购镜头时的注意事项，供大家参考。

1. 镜头的焦距

选择镜头，第一个要注意的是镜头的焦距。焦距实际上就是视角问题，焦距不同视角也不同。自己要明确，购买镜头的主要目的是什么，是为了拍风景还是拍人物等。首先要根据摄影目的来决定自己所要选购的镜头的焦距。

若只是在生活中随便拍一拍的记录，那么只要选择一个涵盖标准焦段的镜头即可。如果拍风景，宜用广角镜头，而拍人物则宜用望远镜头。如果要把摄影当作长期的兴趣来培养的话，购买镜头时就必须考虑镜头焦段的衔接问题。比如说，一开始选择 24 ~ 135mm 的镜头；当觉得长焦段的镜头不够用时，再选择一个 70 ~ 200mm 的镜头，那么原来镜头的焦段就会有重叠的现象，相比之下就浪费了。

2. 经济实力

选择镜头时，除了焦距之外，还要考虑自己的经济能力，假如能力许可，而且你对摄影又很有兴趣，那么建议你入门时就购买较好的镜头作为学习工具。因为在学习摄影一段时间后，往往会越来越要求图像的品质，而镜头的好坏正是关键之一。

3. 检查镜头表面

镜头的外表面应光洁，无磕碰痕迹、无划伤、无磨损、无锈迹、无霉斑。电镀层应无泛黄、无锈蚀、无剥落的现象。表面喷涂应平滑、无脱落、无明显的颜色不匀现象。调节镜头的对焦环和变焦环时，看看是否顺畅、有无杂音。图 1-3 所示为索尼 E18-35mm 镜头，表面光洁。

图 1-3 镜头表面光洁

4. 镜头内部

购买镜头时，可先将镜头对着现场光源，检查内部是否有发霉或灰尘过多等情况。对镜头的前端和后端都要仔细检查。镜头内部机械系统的表面应乌黑、无光泽、黑漆层应无脱落，螺纹表面的螺钉及镜片压圈等部分应完好无损，无拆卸的痕迹。

5. 镜头与机身的连接

镜头与机身的连接应紧密可靠，锁紧装置应锁牢，不应出现因尺寸不对而有装卸过紧、过松或装不上、锁不牢的现象。镜筒与机身镜头座的配合应紧密、无缝隙、无磨损、无松动、无晃动。镜头的装卸应简便迅速。镜筒各部分之间无松动。

6. 镜头配件是否齐全

每一个镜头都有不同的配件，如前、后镜盖，操作说明书，支架等。一定要记得清点，以免拿错了或忘了拿。

7. 与有经验的人一同前往

购买镜头时，最好邀请在摄影方面较有经验的朋友一同前往，这样若临时有问题时就可以询问对方的意见，而不用只听商家的一面之词。

第 3 招　数码相机日常使用注意事项

数码单反相机是高档的精密光电数码设备，在日常使用时要精心保养和维护才能使其保持良好的工作状态。对于日常的保养知识一定要加以了解，并对照相机的保养和养护等给予足够的重视。

1. 严格按照说明书操作

数码照相机是精密的仪器，操作复杂。因此，必须严格按照说明书的操作步骤进行操作，否则极易出现故障和死机等现象。

2. 保护存储卡

数码相机的存储卡都很小，而且很薄，极易折断，机上的金属接口片极易被污染和划伤，所以最安全的方法就是将存储卡放入专用包装盒内和照相机内。平时一定要将存储卡保存在干燥环境中，对已存有图像文件的存储卡要尽量避磁、避高温存放。

3. 防尘防湿

雨雪天气会把相机的外壳弄湿，而且夹杂着许多尘土，在擦拭过程中极易对外壳造成损坏。在恶劣天气拍摄时，应尽量加装防水罩套住相机，避免相机受到雨淋、水溅，否则会引起电路故障。在拍摄过程中，暂时不用时应盖好镜头盖，尽量减少外界灰尘和湿气对相机的损害。

4. 勿摄强光

为保证拍摄质量和成像器件不受到损伤，不要直接拍摄太阳或强烈的灯光，否则可能会损害图像传感器或致使照片上出现白色模糊部分。

5. 防震

单反相机采用高精密的电子系统和光学系统，无论操作还是运输，都要避免强烈震动和碰撞。

6. 防静电

北方的冬季非常干燥，静电很严重，瞬间释放的静电会对相机的电子系统造成损坏。建议在接触相机之前，先触摸其他金属物体以释放静电。

7. 电池使用注意事项

如果没有电池，数码单反相机别说进行拍摄了，根本连动一下都不可能。因此，对数码单反相机来说，电池是最重要的附件之一。虽然使用电池时不需要什么特殊的技术，但建议还是要经常用布清洁电池触点，或对电池外壳是否出现破损进行检查。

即使有些电池与专用电池的形状相近，但也是禁止使用的。非专用电池在最严重的情况下可能会导致相机机身损坏，购买备用电池时务必选择正确型号的原厂产品。

长时间不使用相机，必须将电池从相机或充电器中取出，并将其完全放电，存放在干燥、阴凉的环境中。

8. 保护液晶屏

一般数码相机都有液晶显示屏，在使用过程中可能会粘上一些不易拭去的指纹或者其他污垢。除了用软布轻轻擦外，还可用专用贴膜贴在液晶显示屏上，以免屏幕被刮伤而影响图像观察。

9. 连接计算机时要断电操作

在将数码相机中的图像下载到计算机上时，需要将数码相机与电脑用导线连接起来。在连接之前一定要关闭电脑和数码相机，以免带电操作而损坏数码相机。

10. 冷热天气也会影响相机

如果相机原来在空调房间，而后马上放在一个较热、潮湿的环境中，镜头和取景器上都会有雾点出现。这时需要用合适的薄纸或布来清洁。如果你带着相机从寒冷、干燥的室外进入室内，最好先把相机放在包里预热一下，然后再拿出放在屋子里，并且要小心镜头，看它是不是“出汗”了，如果“出汗”了要立即擦干净。

11. 保持相机干净

镜头上的污渍会严重降低图像质量，出现斑点或减弱图像的对比度。而手指碰到镜头，这是不可避免的，灰尘和沙砾也会落到光学装置上。

这就是我们为什么需要对相机进行清洗的原因。清洗工具非常简单：镜头纸或是带有纤维布的精细工具、镜头刷和清洗套装。千万别用硬纸、纸巾或餐巾纸来清洗镜头，这些产品都包含有剐擦性的木质纸浆，会严重损害相机镜头上的易碎涂层。

镜头纸不使用时，要放在原包装里，以保持干净。微纤维布非常耐洗，可定期清洗。

第 4 招　正确掌握拍摄姿势

若能在拍摄时减少相机震动，就能有效减少照片模糊的现象，因此正确的拍摄姿势是拍好照片的第一步。下面介绍拍摄时的几个标准姿势。

1. 站立拍摄

站立拍摄是我们最常采用的拍摄方式，如图 1-4 所示。标准站姿要注意以下几点。

- 左手：用左手支撑机身和镜头的重量。
- 右手：右手抓紧相机的手柄，负责稳定机身和按下快门。尽量避免使用右手来分担相机的重量，这样在按快门时可以减少无谓的晃动。

- 肩部：双手及双肩自然下垂，不要拱肩或耸肩。
- 稳定支撑：将相机贴紧面部，眼睛靠近取景器目镜，同时将双肘轻靠身体，构成三角形稳定支撑。
- 双腿：双腿微张，让重心可以很平稳地分配到两只脚上，避免像立正一样紧闭双腿。

2. 蹲下拍摄

蹲下拍摄时，上半身的姿势与站立拍摄相同，下半身则使用双腿张开、右膝着地、左膝抬起的高跪姿。抬起左膝可以利用膝盖支撑左手，左手就像一个独脚支架一样，可以稳定地支撑相机。同时臀部坐在右脚上，可以让身体形成一个支撑体，提高拍摄的稳定性。图 1–5 所示为蹲下拍摄。

3. 借助环境稳定支撑

除了上面提到的正确姿势外，在拍摄现场也可以就地取材，借助桌子、椅子、树、墙壁等固定物来支撑、稳定身体和机器。这样会大大减少身体的自然抖动，效果很显著。

图 1–4　站立拍摄

图 1–5　蹲下拍摄

在不影响取景的情况下，应多利用拍摄现场的景物来作为支撑点，以提高相机的稳定度，拍出清楚的照片，如图 1–6 所示。

图 1–6　借助环境稳定支撑

除了上面说的这些使用相机拍照的正确姿势以外，为了拍出清晰的照片，还有其他的方法，比如利用三脚架和快门线。

第 5 招　闪光灯应用技巧

在黑暗的环境里，由于光线不足，拍摄变得非常困难。虽然可以使用较慢的快门和较大的光圈去拍摄，但有时会由于快门过慢，令照片因为手抖而变得模糊。所以大多数摄影者都会使用闪光灯去弥补光线的不足。

1. 内置闪光灯

各种类型的数码相机，一般都内置了闪光灯，而且不少机型还可以外接闪光灯，因此数码相机上一定会有一个闪光模式的设置。图 1–7 所示为内置闪光灯。

图 1-7　内置闪光灯

数码相机内置闪光灯所具有的闪光功能是最基本，也是最常用的。如自动闪光功能运用最广，使用者无论在室内还是室外，闪光灯都可以自动根据光照条件选择开启和关闭。以下场合一般是要用强制闪光的。

- 没有灯光或者灯光昏暗，拍摄对象亮度不足的时候，如晚上拍夜景人物。
- 逆光、侧逆光拍摄，拍摄对象与背景的亮度反差较大的时候。如阳光从人的后面照过来的时候，不开闪光灯则人的脸会很黑。
- 画面中同时有发光物体和不发光物体的时候。如电视机屏幕，拍摄的如果不用闪光灯则只能看到屏幕画面，而电视机外壳却是漆黑的。
- 拍摄对象的不同部位亮度严重不均匀的时候，使用闪光灯可以让物体的亮度均匀。

2. 外接闪光灯

如果你想拍出不错的照片，或是经常需要使用闪光灯拍摄，建议最好使用外接闪光灯。图 1-8 所示为外接闪光灯。

图 1-8　外接闪光灯

外接闪光灯的功率较大，所以闪光距离相对较远。另外，外接闪光灯所能调整的光量范围更大，还可以调整闪光角度。

在使用外接闪光灯补光时有以下几点技巧。

（1）闪光灯灯头方向，要注意灯头的角度，利用反射定律，即入射角等于出射角，大致估算出反射光线的落光位置，使光线通过反射后能够正好落在拍摄对象上。

（2）选择反射面一般为浅色，最好为白色，建议使用白色塑料泡沫板作为活动的反光板，补光时具有柔光效果，实际使用效果很好。

（3）尽可能选择上下左右可调角度大的外接闪光灯，这样在打光时会方便灵活一些。

（4）在仅使用一支闪光灯无法获得好的效果时，可以通过使用同步器增加闪光灯的数量，从不同的角度多方位补光，会获得更好的拍摄效果。

使用外置闪光灯，并不需要做太多的追加投资，但在使用外置闪光灯补光后，会获得更多的摄影乐趣，创作出更好的摄影作品来。

第 6 招　如何正确地摆放摄影灯

网店要想搏得买家的好感，宝贝照片是否精美是非常重要的。产品拍摄前期有很多准备工作，比如摄影棚、商品的摆放等。拍摄时若在夜间、室内等一些复杂的环境下，要想拍摄出优美的画面，就需要合理地运用灯光。学习布光应该先从如何用灯开始。

最基本的摆放方法就是摆在拍摄物体一侧（左或右）45° 的位置。为什么要首选这个位置呢？理由只有一个，模拟自然光的照明效果，符合一般的视觉习惯。

主光位置决定了照明的基本目的和效果，但是光效是有视觉质感差异的，也就是一般所说的“软”、“硬”。“软”是指柔光，“硬”是指聚光。初学布光，软光容易上手，所以你可以在灯上装上柔光装置，比如柔光箱或反光伞。

室内多灯拍摄，要遵循一个原则：只能有一个主灯，其他再多的灯只是起增效和辅助的作用；不管灯位如何变化，主灯是整个拍摄的关键。所以，当使用两个灯时，确定一个为主灯，而另一个作为补光灯（称为辅灯）。图 1–9 所示为摄影灯的摆放位置。

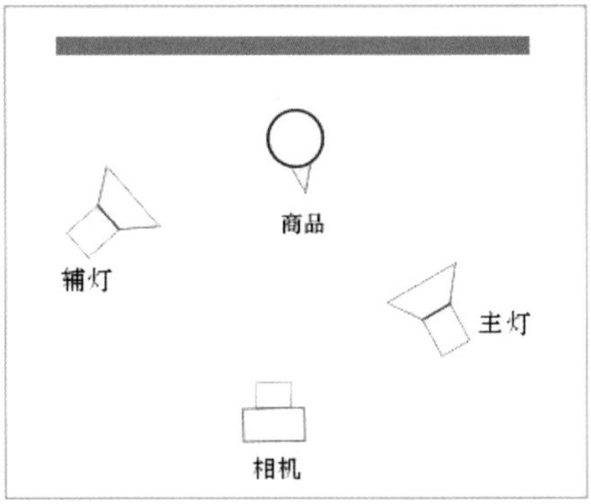

图 1–9　摄影灯的摆放位置

因为在全黑的摄影棚里只能有一个主灯，所以在主灯没有照到的拍摄物的一些皱褶处和物体边缘的背景上会留下比较明显的阴影和投影。

如果希望减弱这些影子的黑度，就需要添加第二个灯，也就是辅灯。由于每个灯都会带来自己所产生的新的影子，因此辅灯一般放在紧靠照相机的位置，这样的角度照明所产生的影子是最小的，同时辅灯越柔和越好。因此在实际拍摄中，许多辅灯实际上是由大块的反光板来充当的，这是反光板的最基本的一种应用方法。

第 7 招　顺光拍摄展示更多细节

顺光的照明方向与照相机的拍摄方向是一致的，图 1–10 所示为顺光示意图。由于顺光时被摄商品的正面受到均匀的照射，商品的阴影被投在背后，所以顺光拍摄的画面很少有阴影，正面往往比较明亮。画面的层次主要依靠被摄商品自身的明度差异或色调关系来传达。顺光拍摄的优点是画面中影调柔和，能较好地传达商品本身的色彩，如图 1–11 所示。

但在有些时候，利用顺光拍摄商品，如果前景部分处于阴影里，背景比较明亮，则商品的空间立体效果会有所改变。另外，顺光难以表现被摄商品的敏感层次和线条结构，容易导致画面对比度低，不利于表现被摄商品的明暗层次。

图 1-10　顺光示意图

图 1-11　顺光拍摄的商品

第 8 招　侧光拍摄增强轮廓感

侧光是指光线的照射角度与摄影者的拍摄方向基本呈 90° 角，从侧方照射到被摄商品上的光线。图 1-12 所示为侧光示意图。

图 1-12　侧光示意图

侧光是几种基本光线中最能表现层次和线条的光线，侧光主要应用于需要表现强烈的明暗反差或者展现商品轮廓造型的拍摄中。如图 1–13 所示，通过强烈的明暗对比，再现商品的轮廓信息。

而当运用侧光拍摄人物主体时，经常会产生“阴阳脸”的效果，如图 1–14 所示。此时，可以考虑利用反光板等反光物体对人物面部的暗处进行一定的补光，以减轻脸部的明暗反差。

图 1–13 侧光再现商品的轮廓信息

图 1–14 侧光拍摄人物

前侧光对质感的表现极佳，后侧光可勾勒轮廓。这种光源的变化对于主体及气氛营造有极佳的表现，可多加利用。

第 9 招 逆光拍摄透明体

逆光是相机对着光源、而被摄商品背着光源而产生的光线，图 1–15 所示为逆光示意图。由于光源位于商品之后，光源会在被摄商品的边缘勾画出一条明亮的轮廓线。对酒、水等液体或玻璃制品的透明体一般采用逆光拍摄。由于光线能穿透透明体本身，使其产生玲珑剔透的艺术效果，体现了质感，如图 1–16 所示。

图 1-15　逆光示意图

图 1-16　逆光拍摄体现质感

拍摄透明体很重要的一点是体现主体的通透程度。在布光时一般采用透射光照明，常用逆光位，光源可以穿透透明体，在不同的质感上形成不同的亮度。

表现黑背景下的透明体，要将被摄体与背景分离。可在两侧采用柔光灯，这样不但可以将主体与背景分离，也使其质感更加丰富。如在顶部加一灯箱，就能表现出物体上半部分的轮廓，透明体在黑色背景里显得格外精致剔透。如果是盛有带色液体的透明体，为使色彩不失去原有的纯度，可在物体背面放上与物体外形相符的白纸，从而衬托其原有的色彩。

第 10 招　顶光拍摄突出明暗对比

顶光是光线从被摄商品的顶上照射下来，图 1–17 所示为顶光示意图。顶光恰似正午阳光的照射方向，主体顶部受光，呈现出爽朗、明亮、热烈的效果。顶光时拍摄的物品如图 1–18 所示。如果顶光运用恰当，可以为画面带来饱和的色彩、均匀的光影分布和丰富的画面细节。

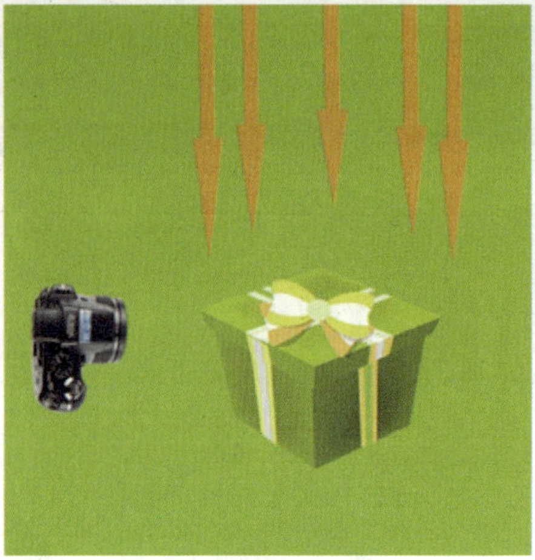

图 1-17 顶光示意图

图 1-18 顶光拍摄的商品

第 11 招 直射光拍摄使画面反差更大

直射光通常是由强光源发出的光线直接照射所形成的，如闪光灯、无灯罩的灯泡、直射的阳光（尤其是正午时）。如果是拍摄表面结构十分粗糙的裘皮、石雕等，可以用更硬的直射光直接照明，如聚光灯、闪光灯、太阳光直射。因为这种硬光的光线锐利，在凹凸不平的表面会产生细小的投影，能够强化其质感的表现，使商品的表面出现明暗起伏的结构变化，增加了立体感。图 1-19 所示为直射光拍摄的石雕摆件图片。

图 1-19 直射光拍摄的石雕摆件

通常情况下，在自然的直射光线或者影棚内的硬光条件下进行拍摄时，摄影者经常会利用反光板来对被摄体的阴影部分进行一定的补光，这样画面效果看起来会更自然一些。对于初学者来说，如果不具备反光板等摄影配件，可以使用反光比较强烈的白板、白纸或白色衣服等来进行一定的补光。

第 12 招　散射光拍摄使影像更柔和

当阳光被云层或其他物体遮挡，不能直接照射被摄对象，只能透过中间介质照射到被摄对象上时，光就会产生散射作用，这类光线被称为散射光。

一些表面光滑的商品，如金银饰品、瓷器、漆器、电镀制品等，它们的表面结构光滑如镜，具有强烈的单向反射能力，当直射灯光聚射到这种商品表面时，会使光线改变，产生强烈的眩光。在拍摄这类商品的时候，应该采用柔和的散射光线进行照明，也可以采取间接照明的方法，使用柔光箱、反光板来柔化光线，用反射光来照亮商品。因为均匀、柔和的光线能够有效地降低物体表面的反光度，使其色调更加丰富，从而表现出光滑的质感。图 1-20 所示为使用散射光拍摄的金银饰品。

图 1-20　散射光拍摄的金银饰品

第13招 淘宝商品拍摄的基本要求

淘宝商品拍摄不同于艺术摄影，不需要体现照片的艺术价值和过高的审美品位。淘宝商品拍摄的基本要求是将淘宝产品的形、质、色充分表现出来，而不夸张。

（1）"形"指的是产品的形态、造型特征以及画面的构图形式。图1-21中所展现的就是商品的独特造型。

图1-21 商品的独特造型

（2）"质"指的是产品的质地、质量、质感。淘宝商品拍摄对质的要求非常严格，商品图片必须清晰、细腻、逼真。尤其是细微处，以及高光和阴影部分，对质的表现要求更为严格。要采用恰到好处的布光角度，恰如其分的光比反差，以求更好地完成对质的表现。图1-22中就突出了商品的质感。

（3）"色"指的是色彩的统一。色与色之间应该互相烘托，而不是对抗，是统一的整体。图1-23为色彩搭配合理统一的图片。

图1-22 突出商品的质感

图1-23 色彩搭配合理统一

第 14 招　如何掌握拍摄角度

在拍摄中，由于高度的变化，常常用到的拍摄角度有仰摄、俯摄、平摄等。选择不同的拍摄角度，会使所拍摄的照片产生不同的构图艺术效果。对于拍摄高度的选择应根据淘宝商品的具体情况以及周围的环境来确定。

1. 仰摄

采用低角度仰摄人物，能表现出被摄者的高大形象，同时还具有净化背景的作用。仰摄人物全身照片，能表现出被摄者修长的腿，适合拍摄裤子、靴子、打底裤等产品。图 1–24 所示为仰摄拍裤子。

2. 俯摄

俯摄容易形成上大下小的变形。在拍摄人物全身照时，一般不要采用这种角度。但在拍摄内衣产品时可以选择俯摄，能更好地体现内衣的材质及细节，如图 1–25 所示。

图 1–24　仰摄拍裤子

图 1–25　俯摄

3. 平摄

平摄，即相机与被摄物成水平直线。

平视拍摄角度所拍摄的画面中，各部分景物的透视关系符合人们的视觉习惯，构图平稳，无特殊的变化。拍摄上衣、裙装时适合选用这样的拍摄方式，如图1-26所示。

图 1-26 上衣采用平摄

第15招 如何掌握拍摄方向

拍摄方向的变化是指以被拍摄者为中心，照相机在水平位置上的前、后、左、右位置的变化。有时候也可以让模特改变方向，以获得不同方向的拍摄效果。在真人模特拍摄时主要有正面、侧面、前侧面、背面几种，通过不同的拍摄方向，多方面地展示产品。

1. 正面照

采用正面的方向拍摄人物，能很好地表现模特正面的特征，人物的各部分都处在相等的对称位置。正面照能完美地展现产品的各项特征。图1-27所示为正面照。

2. 前侧面照

这个拍摄方向不仅能表现出被摄者的正面结构和侧面结构，还能很好地表现出这两个面相结合的棱线，使服装的形象、轮廓和立体效果得到充分的表现。从拍摄原理上来讲，这种方向拍摄的人物在画面中的各部分不是处在同等地位，所以画面显得活泼，富有变化，整个画面具有较明显的方向性和动态效果。前侧面照片如图1-28所示。

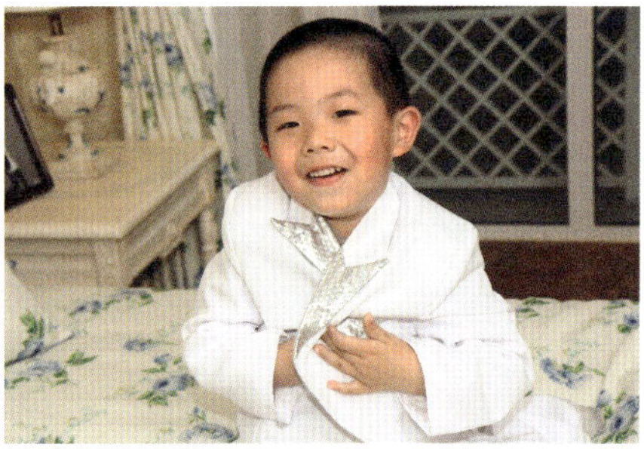

图 1-27 正面照

图 1-28 前侧面照

3. 侧面照

拍摄时照相机正对着被摄者的侧面进行拍摄，以表现出被摄者的侧面形象和线条结构。由于从这个方向拍摄能充分表现被摄者的侧面轮廓，因此具有更强烈的动势和方向性。侧面照如图 1–29 所示。

4. 背面照

在真人服装模特的拍摄中，从被摄者的背后方向拍摄也是常见的，通常是为了展示服装的背面效果。背面拍摄能显示出被摄者的背面特征，并引导观众的视线向纵深发展。在选择从背面方向拍摄人物时，一定要注意被摄者的背面要整齐。背面照如图 1–30 所示。

图 1-29 侧面照

图 1-30 背面照

第 16 招　室外拍摄模特的最佳时间

去室外拍摄模特时，除了要将自己的装备调到最佳状态外，还需要在拍摄时多注意光线。室外人像拍摄虽然光线充足，有利于拍得更加清晰，但得考虑逆光和光线太过强烈等问题，它们很容易在模特脸上造成阴影。另外，相机得保持低 ISO，以便保证更好的画质表现。

拍摄室外人像的最佳光线时间是上午 10 点之前和下午 3 点之后，这个时间点的光线都不会太过强烈，并且是侧光，适合人像拍摄。那么当阳光过于强烈时又该怎么办呢？这个时候可以带上反光板，我们知道强光容易导致模特脸部的阴影比较重，这个时候反光板就能够发挥重要的作用了，可以给模特的脸上补足光线。

第 17 招　如何选择合适的拍摄地点

一般来说，经营网店的卖家为了能从众多搜索图片中脱颖而出，使用真人展示自己的商品是最好的选择。那么真人模特拍摄过程中对于拍摄地点究竟有什么要求呢？

1. 公园长凳拍摄

公园随处设立的长凳可以成为理想的拍摄场地，例如利用公园长凳拍摄女式上衣商品时，开始先试拍几张，找准曝光组合和拍摄角度。回放检查试拍的照片，可以列出以下问题：拍摄角度是否需要继续调整；在阳光直射下拍摄的商品是否过曝、欠曝；细节能否展现出来。根据自己的判断结果，调整相机至满意状态，然后再进入正式的拍摄环节。图 1–31 所示为在公园长凳上拍摄。

2. 树荫下拍摄

在公园中找到一处树荫场景，通过明暗过渡相互交替的情景，将商品的细节完美地表现出来，如图 1–32 所示。

3. 在花草中拍摄

公园的过道、草丛、花丛随时都能成为拍摄场景。在公园里，花草植物会比较多，所以在具体选择地点的时候要考虑到服装鞋帽以及配饰的颜色是否与背景的花草相配。其次，要让模特与背景之间保持一定的距离，将背景虚化也是不错的选择，如图 1–33 所示。

图 1–31　在公园长凳上拍摄

图 1–32　树荫下拍摄

图 1–33　在草丛中拍摄的照片

4. 在大学里拍摄

在大学里拍摄，首先，可以尝试在照片背景里面加入一些学生的活动场面，这样很容易体现出一些具备校园风的服装鞋帽的特色。其次，大学里的一些大型建筑（比如图书馆、主教学楼）也是不错的场景，使用镜头广角端拍摄，将大型建筑的线条和模特一并清楚地拍摄下来，会具有强烈的视觉冲击力。最后，大学里的运动场通常都比较空旷，也是很好的拍摄场景。

5. 在酒吧街拍摄

在酒吧街拍摄，一般酒吧街的装修都比较有格调，可以拍出异国风味。但要注意背景不要过于杂乱，尽量选择比较单一的背景。如果有相熟的酒吧，进入里面拍摄也是不错的选择，无形当中增加了许多时尚的元素。一般宜在下午前去，此时店里不会有很多客人，既不会影响店家的生意，又可以获得不错的拍摄环境，但是要注意室内的光线，可以考虑在窗口附近拍摄或者使用闪光灯补光。图 1–34 所示为在酒吧街拍摄。

图 1–34　在酒吧街拍摄

6. 在商场、大型超市拍摄

在商场、大型超市拍摄模特逛街的照片，十分具有都市气息。而且在商场里面拍摄的照片比较贴近生活，可以给客人十足的亲近感，利于商品的销售，如

图 1-35 所示。但是，在拍摄的时候仍然要注意画面的干净简洁，尽量不要将不相关的东西拍摄进去，在这类场景中拍摄很容易犯这样的错误。最后要注意的是，在这类地方拍摄，因为周围的照明光线比较复杂，有时候因为色温的缘故会使商品的颜色出现偏差，所以尽量不要在偏黄的光线下拍摄。

图 1-35　在商场里拍摄

第 18 招　怎样用好反光板

拍摄模特，很多人就是因为掌握不了反光板的位置而导致图片出现发暗等问题，不能拍出好看的照片。使用反光板首先要考虑的几个关键要素是角度、高度。

角度：如何选择和设置反光板的角度？一般来说要根据被摄体的特征来决定。反光板的正面可以完全打亮模特的脸部，减少脖子处的暗影，不过这样就会缺乏必要的阴影轮廓，反光板的侧面则可以在模特的鼻梁处营造出一种阴影，对塑造脸型起到很好的作用。

高度：反光板配置角度的高低，是直接影响被摄人物脸部的线条、层次以及直观效果的重要因素。我们知道，高光位会在脸部形成比较重的阴影，而这些阴影所造成的直观效果就是人物显得瘦削；而低光位因为产生的阴影不是很重，人物就显得略微丰满。

第 2 章

商品拍摄构图技巧

构图是摄影中常用的基本技巧，是决定商品视觉效果好坏的关键所在。对于店主来说，掌握好构图的基本规律并能在拍摄中合理运用，是非常必要的。

第 19 招　摄影构图的概念和目的

“构图”来源于拉丁文“composition”，为造型艺术的术语。它的含义是：把各部分组成、结合、配置，整理出一个艺术性较高的画面。在《辞海》中，“构图”的释义是：艺术家为了表现作品的主题思想和美感效果，在一定的空间，安排和处理人、物的关系和位置，把个别或局部的形象组成艺术的整体。这在中国传统绘画中称为“章法”或“布局”。摄影构图就是指以摄影为手段，在画面中经营位置，进行结构布局，把人、景、物安排在画面中，组织成一个整体，以最佳的形式表现主题思想和审美情感。它是揭示形象的全部手段的总和。简单地说，摄影构图就是拍摄照片时在取景器内决定怎样放入被摄物体的过程。

摄影构图有两个目的：一是通过经营画面寻求最佳的画面结构形式；二是为了最好地表现主题思想和审美情感。

第 20 招　摄影构图常见错误

摄影就如同绘画，构图的作用极为重要。出色的构图能使画面主次分明，详略得当，给人以美感。一幅照片若不具备良好的构图形式，往往无法引人入胜，更不能尽兴地表达内容。初学摄影者常犯的错误有以下几种：

1. 画面撑得太满

有些初学摄影者拍照时喜欢让被摄主体充满画面，这会令作品显得拘谨、死板，而且画面撑得太满，就没有剪裁空间，也不利于照片后期加工。

2. 缺乏趣味中心

取景时缺乏忍痛割爱的精神，“鱼”取，“熊掌”亦取，意欲兼收并蓄，反而造成了画面无主次、结构松散、杂乱无章的现象。

3. 各顾东西，神情不一致

在拍照时，由于位置没安排好，不能形成一个向核心靠拢的趋势，画面呈分裂状，与作品想表现的主题不符，如图 2-1 所示。

图 2-1　位置没安排好

4. 画面失衡

在构图时没有顾及画面的影调、色彩的协调，造成画面的色彩、影调失衡，影响了照片效果。

5. 顾景不顾人

当被摄者与高大的衬景在一起时，顾景不顾人，一味将镜头抬高，结果是景拍全了，但人物只剩下个脑袋，落在画面的下端，非常难看。

6. 画面分裂

取景时没有处理好地平线的位置，将其置于画面正中，于是画面被一分为二，呈分裂状，缺乏和谐、统一之感。

第 21 招　商品摆放的重要性

在拍摄商品照片之前，必须先将要拍摄的商品进行合理的组合，设计出一个最佳的摆放角度，为拍摄时的构图和取景做好前期的准备工作。商品采用什么摆放角度和组合最能体现产品的性能、特点及价值，这是我们在拿起相机拍摄之前就要思考的问题，因为拍摄前的商品摆放决定了照片的基本构图。

商品的摆放其实也是一种陈列艺术，同样的商品使用不同的造型和摆放方式会带来不同的视觉效果。

如图 2-2 和 2-3 所示，相同的指甲油，由于摆放和组合方式的不同，产生了完全不同的构图和陈列效果。很显然，图 2-2 更具有商业价值。当顾客看到这两个卖家的商品图片时，会因视觉上的美感区别而产生不同的感受，而这个感受将会直接影响到他们是否会购买这件商品。这就是商品照片和产品之间本质的区别，因为商品照片归根到底是要激发消费者的购买欲。

图 2-2　合理的摆放

图 2-3　杂乱的摆放

第 22 招　商品摆放：迎合视觉规律

图 2-4 所示的耳坠的摆放方式，是将短的耳坠用垂直悬挂的方式来摆放。由于人类的视觉习惯是视点朝下，从这个角度看东西我们的眼皮感到最轻松，因此这样的摆放方式可以使视觉中心正好落到耳坠的串珠造型上。

图 2-5 所示，骰子的摆放看似随便往桌上一撒，其实仔细观察可以很清楚地看到它们之间疏密的关系：后面的离得稍远，前面的 4 颗靠在一起，形成了视觉的重心。我们的视线往往最容易被大面积的色块所吸引，这样的摆放不仅能够全面地展现商品的主题，而且恰当的疏密和距离还会消除视觉上的紧张感。

图 2-4　耳坠用垂直悬挂的方式来摆放

图 2-5　疏密相间

第 23 招　商品摆放：营造氛围的搭配

时至今日，在消费者越来越挑剔的目光下，商品的优势和价值、悠闲的生活节奏、小资情调和无法言说的意境都有可能成为打开他们心门的一把钥匙。

在当今的网络零售行业，有越来越多的商家在拍摄商品照片时开始加入个人的感情，以此来营造一种购物的氛围，因此，网上的商品照片不再一成不变，不再拘泥于呆板的排列。图 2-6 所示的咖啡搭配图书的摆放，突出了小资、悠闲的情调。

图 2-7 所示的衬衣搭配书和帽子摆放的图片凸显了衣服的格调。

图 2-6　商品搭配摆放

图 2-7　衬衣搭配书和帽子摆放

第 24 招　商品摆放：组合出趣味

在一件商品的摆放中突出主题很简单，放眼一望，舞台上只有一个主角。但是，要在一张照片中表现一堆花花绿绿的商品，这就需要拍摄者具有一定的陈列水平。

如图 2–8 和图 2–9 所示，两张图片的店主借鉴了舞台经验。一般在集体舞蹈结束的时候，都会有一个最后的造型和亮相，很显然，小绵羊玩具的排列和一群招财猫脸朝的方向，都在我们眼前做了一个极有队列感的亮相，释放着一种可爱和童趣，让人忍不住心生疼爱，恨不得马上就占为己有。

图 2–8　小绵羊玩具的排列

图 2–9　招财猫的组合

第 25 招　巧妙利用前景、背景和留白

给人留下深刻印象的照片的共同点是什么呢？就是画面中包含了背景和适当的空

白。如果合理配置背景和留白的话，不仅可以保持画面的均衡感，同时也可以很好地表现出距离感。画面中的辅助物起着辅助、衬托被摄主体的作用。有了它们，可以拍出更具真实感和立体感的照片。

1. 细心选择背景

背景对于画面的造型具有十分重要的意义，所以处理好背景部分对于整个画面有十分重要的意义，不仅能起到突出主体的作用，还能起到丰富主体的内涵的作用。对于初学商品拍摄的人来说，尤其应该注意背景的选择。图 2-10 所示为拍摄商品时简洁的背景。

图 2-10 简洁的背景

选择背景应注意以下几方面的原则。

（1）背景要有利于主题的表现。只要背景清晰地呈现在画面中，它就必须有利于主题的表现；如果是可有可无的，那它就是多余的因素，就要想方设法对它进行弱化或排除在画面之外。

（2）与画面其他元素要协调。一幅照片中包含主体、陪体和背景，背景的处理应该在影调、色彩等方面与画面其他元素有所差别和协调。

（3）背景的选择要追求简洁。背景的处理一定要简洁，懂得舍弃画面中无关的元素，否则背景就会喧宾夺主，弱化主体的形象。

2. 留白

留白，即摄影画面上除了看得见的实体对象以外的一些空白部分。它们是由单一色调的背景所组成，形成实体对象之间的空隙。留白可以起到营造意境、留给读者更多的想象空间、使画面更加精炼的作用。

第 26 招　横式构图和竖式构图

横幅画面，即画面底边较长。横画幅强调的是水平面因素，展示的是横向宽度。横画幅是使用最多、看上去最自然的一种画幅形式。图 2-11 所示就是利用横式构图的例子。横式构图给人一种稳定可靠的感觉，拍摄横宽的商品，多用来表现商品的稳固，并给人以安全感，是一种常用的构图方式。

竖幅画面，即画面底边较短。竖画面强调的是垂直因素，展示的是画面的纵深度，适于拍摄高大、竖高的商品。它适于表现垂直线特征明显的商品，往往显得高大、挺拔、庄严等，能增添画面的活力与吸引力。竖式构图可以表现出商品的高挑、秀朗，常用来拍摄长条的或竖立的商品。竖式构图在商品的拍摄中也是经常使用的。图 2-12 所示的门就是采用竖式构图。

图 2-11　横式构图

图 2-12　竖式构图

第 27 招　黄金分割的三分法构图

如图 2-13 所示，所谓的三分法其实就是从黄金分割中引申出来的，用两横、两竖的线条把画面均分为九等份，也叫“九宫格”。人们发现在九宫格的 4 条线交汇的 4 个点是人们视觉中最敏感的地方，国外的摄影理论把这 4 个点称为“趣味中心”，顾名思义，就是当被摄主体处于或分布在这 4 个点附近的最容易吸引“眼球”。这种构图方式并非说我们必须占据画面的 4 个视线交点，在这种 1∶2 的画面比例中，主体占据 1 ~ 4 个交点都可以，但是画面的疏密会有所不同。

图 2–14 所示的图片，是典型的 4 点全占的三分法构图方式。

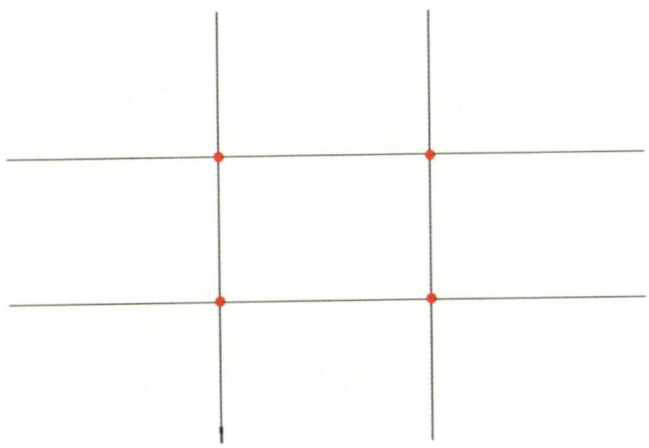

图 2–13　三分法构图

图 2–14　三分法构图

第 28 招　疏密相间构图法

当需要在一个画面中摆放多个物体进行拍摄时，取景的时候最好是让它们错落有致，疏密相间。如图 2–15 所示，多件商品的前后左右布局就比一字排开自然和美观得多；其中，有些商品适当地相连或交错，往往会让画面显得更加紧凑，主次分明。

图 2–15　疏密相间构图法

摆放多件商品时，最难的是要兼顾造型的美感和构图的合理性，因为画面上若内容多就容易显得喧闹和杂乱，此时，采用有序列感和疏密相间的摆放方式就能很好地兼顾这两点，使画面显得饱满、丰富而又不失节奏感和韵律感。

第 29 招 均分法

为了在视觉上突出主体，我们常常将主体放在画面的中间，左右基本对称，因为很多人喜欢把视平线放在中间，上下空间的比例大体均分。如图 2–16、图 2–17、图 2–18 所示，这 3 张图片都是使用的均分法构图，主体都在画面的正中。但是，为了防止画面显得过于呆板，我们往往在对称之中略有偏移，比如图 2–16 的男装照片里模特就靠左移动了些；图 2–17 中羽绒服翻起来的风帽占据了衣服长度的 1/3，这种比例在视觉上加强了稳定性，因此也能取得较好的视觉效果；图 2–18 所示女靴的照片在构图时，模特两腿交叉形成倒 V 字造型，肤色与黑色的靴子在颜色上形成深浅的对比，因此稳定性和视觉重点都得到了保障。

图 2–16 略有偏移

图 2–17 羽绒服

图 2–18 女靴

第 30 招 动感十足的 S 形构图

S 形构图是曲线构图中使用较多的一种构图形式，它具有较强的视觉引导作用。S 形具有曲线的优点，优美而富有活力和韵味。所以 S 形构图也具有优美和活力的特点，给人一种美的享受，而且画面显得生动活泼。图 2–19 所示为 S 形构图。

第 31 招　V 字形构图

V 字形构图是最富有变化的一种构图方法，其主要变化是在方向上的安排或倒放，但不管怎么放，其交合点必须是向心的。V 字形单用时画面不稳定的因素极大，而 V 字形双用可以产生质的变化，不但具有了向心力，而且使画面的稳定感得到满足。图 2-20 所示为 V 字形构图。

图 2-19　S 形构图

图 2-20　V 字形构图

第 32 招　斜线构图

斜线构图是商品斜向摆放的构图方式。它的特点是富有动感，个性突出，对于表现造型、色彩或理念突出的商品，斜线构图方式较为实用，使用得当可以产生很不错的画面效果。

可以把主体安排在对角线上，这样既能有效利用画面对角线的长度，同时也能使陪体与主体发生直接关系。这种构图富于动感，显得活泼，容易产生线条的汇聚趋势，吸引人的视线，达到突出主体的效果。图 2-21 所示为斜线构图。

图 2-21　斜线构图

第 33 招　C 字形构图

C 字形构图既具有曲线美的特点，又能产生变异的视觉焦点，画面简捷明了。一般将主体对象安排在 C 形的缺口处，使人的视觉随着弧线推移到主体对象。C 字形构图在珠宝玉器上使用较多，如图 2-22 拍摄的 C 字形构图照片。

图 2-22　C 字形构图

第 34 招　圆形构图

圆形是封闭和整体的基本形状，圆形构图是将被摄对象以圆的形态进行分布。圆形构图可以达到将观赏者的视线从周边的事物集中到中心的效果。圆形构图如图 2-23 所示。

在圆形构图中，如果出现一个集中视线的趣味点，那么整个画面将以这个点为轴线，产生强烈的向心力。圆形构图给人以团结一致的感觉，没有松散感；但这种构图形式活力不足，缺乏冲击力，缺少生气。

图 2-23　圆形构图

第 3 章

服装鞋帽商品的拍摄

中国网络购物市场销售占比最高的品类是服装鞋帽，占全国网购市场规模的 22.1%。2014 年服装网购交易额达到 6153 亿元，同比增长 41.48%。服装鞋帽品类的网购需求量大，复购率高，是电商企业争夺用户的潜力最大的品类市场。本章就介绍服装鞋帽类商品的拍摄。

第 35 招 服装的拍摄技巧

在淘宝卖家中，开服装店的是最多的。在这里介绍拍摄服装的技巧。

1. 注意光源的调整

一般拍摄宝贝时首先要设置一个主光源，让主光源从服装的最上端打下来，然后在服装的左右两端及下端用泡沫板隔开一下再进行拍摄。

2. 简单的摄影棚

在日光条件下拍摄的服装色彩比较准确和真实，但由于日光不容易控制，所以需要制作一个简单的摄影棚，一个能让拍摄出的色彩与日光下的完全一致、恒定可控制的摄影棚。图 3–1 所示为简单的摄影棚。

图 3–1 简单的摄影棚

3. 背景的选择

对于服装拍摄，背景很重要，背景要平整无皱，颜色不能影响到服装的完整性，不能反差太强烈。建议可在木板上拍摄，因为木板的颜色比较自然、温和。当然，也可以利用一些调色布料作为背景，但使用前一定要烫平。图 3–2 所示为服装平铺拍摄时采用木板作为背景。

图 3-2　服装平铺拍摄时采用木板作为背景

在室外进行模特拍摄时，背景和周围环境的选用要与服装的款式、着装的季节以及模特相吻合。有时为了强调着装环境、烘托气氛，采用典型的实景拍摄，但为了使主体突出，多用长焦距镜头和大光圈拍摄，使背景虚化，如图 3-3 所示。

图 3-3　背景虚化

4. 模特的选择

模特的选择同样很重要，服装最好是穿在真人模特身上来表现，因此要根据服装的类型、款式和风格来选择模特，合适的模特能够体现服装的风格、特点，如图 3-4 所示。

5. 修图

拍摄好后，尽量把图片中产品与实物之间的色差调到最小。

图 3-4　模特的选择

第 36 招　服装挂拍的拍摄技巧

服装挂拍虽然看上去简单，其实是需要技巧性的。衣架的选择也是非常重要的，它能更好地衬托衣服的形状。

在图 3-5 中，直接将衣服挂在衣架上拍摄，没做任何的修饰，拍出来的图片显得很沉闷。这种图片会直接影响到客户的购买欲望。如果你是买家，你会买这样一款看上去没有身形、没有修饰、分辨不出来面料的衣服吗？

而在图 3-6 中可以看出，店主花费了很多的心思，搭配鲜花来拍摄是聪明的选择。衣服虽然看上去很普通，可是仍然让顾客觉得很舒服，觉得穿上这样的衣服应该很好看。

图 3-5　沉闷的服装挂拍

图 3-6　精美的服装挂拍

第 37 招　服装平铺的拍摄技巧

平铺拍摄商品是以自然形态摆放的，买家会根据自己的实际需要，选择适合自己的衣服。整齐的造型、清爽干净的图片很容易让买家对店铺产生一个良好的整体印象。

现在淘宝上各式各样的平铺风格大同小异，让买家产生视觉疲劳，感觉千篇一律，没有太多的购买欲望。所以对服装平铺如何进行创新是一个很重要的问题。下面介绍一些大卖家是怎样处理平铺服装造型的。

服装平铺要突出其特点和版型，这一点非常重要。不能简单地平铺加抠图，一定要让人能分辨出这件衣服的质感及面料好坏，给买家一个直观的感受。

1. 上衣平铺摆放造型

上衣平铺造型要注意以下几点。

（1）拍摄服装时一定要根据人的身体结构进行摆放，如男装要板正一点，如图 3-7 所示；女装的外轮廓要有弧度，特别是腰和胸部的位置，如图 3-8 所示。

图 3-7 男装板正

（2）袖子特别是腋窝位置要掖进去，让袖子保持修长。

（3）要注意领口与拉链扣：领口一定要整齐对称，里面的商标之类的可以露出来，并且能保持一个角度；拉链也要有弧度，具体弧度也是要根据人体构造。拉链与拉链间要保持一定距离，衣角的拉链可以折起来，一方面比较美观。另一方面可以方便顾客看到衣服里面的质地内容。如图 3-9 中衣服的摆放就比较注意拉链扣和领口。

图 3-8 女装有弧度

2. 牛仔裤的摆放造型

（1）腰口要保持一个倒三角的形状。

（2）拉链要拉开，左边的拉向一边。

（3）裤管要有布折，裤管口的上端要挽起来，这样方便看到裤子里面的材质，图片看起来也不单调。图 3-10 所示为牛仔裤的造型。

图 3-9 注意拉链扣和领口

图 3-10 牛仔裤的造型

第 38 招 真人模特拍摄

开网店没有机会当面去面对买家，买家也看不到商品的实际质量如何，而文字说明毕竟是比较抽象的。因此对于网店来说，图片占有很重要的位置。好看的图片可以迅速吸引人们的眼球。现在淘宝上，对于同一个商品，很多店铺用的图片都是一样的，这样势必会引起激烈的价格战。

拍摄服饰类商品的方法有很多种，其中，利用模特实际穿着衣服的方法最自然。在实体服装店中，可以发现很多衣服都是悬挂起来或由塑料模特穿在身上展示的，而不是把衣服平铺或者叠放。而且模特的姿势也是各式各样的，这样能显示出服装的板型和试穿效果。相比平铺的衣服照片，使用真人模特的照片更能体现衣服的上身效果，如图 3-11 所示。

图 3-11 使用模特实拍

利用模特拍摄时，首先要计划好到底要拍摄什么感觉的照片。如果事先不做任何计划，只按照临时的想法，单纯依靠模特，不但会拖延拍摄进度，也无法保证拍摄效果。

模特摄影大致可分为室内摄影和室外摄影两种。二者最大的区别就是照明，也就是使用自然光和人工光的区别。

第 39 招　服装细节的拍摄

在网店上的商品图片是对商品的展示，是对商品的文字描述进行补充，它既能够显示你的商品是什么样子，也能让买家看到商品的价值，因此商品图片的质量就很重要。页面上的空间通常是有限的，因此要使你的商品图片产生价值。要注意的是，不要将珍贵的空间用于展示那些效果一般或者很差的图片。应当选择那些能够显示出买家所关心的有关细节的商品图片。要确保为买家拍摄出各种细节，使他们可以轻松地看出重要的元素。图 3–12 中所示的就是服装的细节。

要使得买家可以对图片进行放大，以便仔细地观察商品。看到某个特定的细节或对其质地进行评估，会有助于增强客户下订单的信心。大部分网店都提供了商品图片的缩放功能，表现形式有多种，例如小图片旁边有点击大图的按钮，或者是将鼠标放在小图上就有大图显示。这种功能现在被广泛使用，确实能非常好地展示商品。图 3–13 所示为商品图片的放大功能。

图 3–12　服装细节图

图 3–13　商品图片的放大功能

第 40 招　服装模特拍摄背景的选择

服装模特的拍摄，也需要背景来衬托。背景可以是多种多样的，例如平面的、纵深的、室内的、室外的……如何借背景突出模特的服装，可从以下几方面来考虑。

首先，模特图对背景的要求是无限制，但是千万别把店面搞得花花绿绿。服装模特的背景风格，如果选择城市风格，就以城市的现代化建筑为背景进行拍摄，如果选择自然风景，就全部以自然为背景。这样不仅使页面看上去清晰整洁，也有助于烘托店铺的风格。图 3–14 所示为城市风格的背景。

图 3–14　城市风格的背景

比如要拍摄职业装或整体设计风格简洁的服装，可把工作现场作为背景，并采用现场的自然光线拍摄，力求画面产生常态的气氛，把环境作为画面的一个重要组成部分，以环境来衬托人，用画面来展示模特的服装。背景应以简洁、朴素为佳，这样就可以在很大程度上强化主体，使人物形象显得很鲜明、生动，服装看上去更诱人。

拍摄服装模特选择背景时，要避免一些不良的背景。好的背景能起到烘托、美化被摄人物的作用，而不良的背景则会影响画面的美观，比如：零乱繁杂、喧宾夺主的亮色块，反差异常强烈的景物等。

淘宝的拍摄背景有很多种，也经常让众亲感到纠结。下面介绍一些常见的背景。

1. 纯白背景

白色是淘宝上用得最普遍的背景颜色，一卷白纸或是一堵白墙便可以出镜。白色背景可衬托各种颜色的服装，根据打光亮度的不同和打光方向的不同，还能形成多种风格和效果。需要注意的是衣服的质感展现和色差问题。图 3–15 所示为纯白背景。

2. 灰色背景

灰色也是拍摄时常用的背景色之一。灰色能够营造比较好的空间感和立体感，对衣服面料质感的表现很有帮助。

图 3–16 中的浅灰色背景，其实是利用弧度白墙的空间感而成的，模特站在离墙体约 5 米远的地方进行拍摄，自然白由于光感形成自然灰。

图 3–15 纯白背景

图 3–16 浅灰色背景

3. 质感深灰

深灰色背景适合色彩浓厚、面料考究的高档男装，拍摄的搭配以及打灯的位置需要提前做足准备。图 3–17 所示为深灰背景的男性服装。

4. 暖黄背景

暖黄背景根据光照和色彩深浅的不同，也能变化出多种风格。女装类和童装类，几乎都会用米黄色作为背景。图 3–18 所示为暖黄背景的服装。

图 3–17　深灰背景的男性服装

图 3–18　暖黄背景的服装

5. 红色

红色的背景，适宜烘托浓郁艳丽的衣服，如图 3–19 所示，性感魅惑的红色背景正好应了这件裙子的风格。

6. 墙体背景

可以使用各种墙纸纹理的背景，也可以使用真的砖墙作为背景，如图 3–20 所示。

图 3–19　红色背景

图 3–20　墙体背景

7. 以精致家具点缀

对于高端皮草，搭配精致的家具，通过拍摄场景的富丽堂皇、奢华雍容，衬出衣服的华贵，如图 3-21 所示。

图 3-21 搭配精致的家具

第 41 招 网店童装拍摄技巧

虽然童装的拍摄与普通服装的拍摄技巧没有太大的区别，但因为童装与成人服装在款式和尺寸上的不同，所以还是有一些细节上的差别。下面介绍童装的拍摄技巧。

童装可以拍摄正面图、背面图、面料图、衣服的特殊图案、服装的标签以及线头相接处的细节图，有些还有效果图。如图 3-22 所示。

（1）由于小朋友的情绪不稳定，故童装模特的拍摄难度比成人大。

（2）捕捉自然表情的成功之道，在于抓住儿童的自然神态。几乎所有的童装照片都具有这种纯真的风格。让孩子的活动顺乎自然地进行，会出现许多拍照的机会，会胜于挖空心思才设计出来的场面。如图 3-23 所示。

图 3-22　童装

图 3-23　捕捉自然的表情

（3）需要配备专业助手，引导小朋友进入最自然的拍摄状态。当孩子感到厌倦或者不自在的时候，你可以让助手在你背后打手势，如模仿小丑的动作，随手拿起什么家伙假装敲你的头。这样有时会引逗出儿童快乐的表情来。

（4）图片必须尽可能地清晰，清晰到放大后能清楚地看到线头和衣服的纹理。

（5）衣服平铺拍摄时，造型必须尽可能摆得饱满些，呈现出衣服的板型。

第 42 招 裤子平铺拍出美感

对于服装特别是裤子，在拍摄前期有很多工作要做，其中服装的摆设、背景的选择都是需要下一番苦功夫的。

裤子特别是牛仔裤在拍摄之前要先熨烫，摆放时折叠一下，拍摄时镜头要俯视拍摄，这样就不会看出折痕。可以同款多色叠加在一起，就显得比较有整体感，如图 3-24 所示。

图 3-24 同款多色叠加在一起

拍摄裤子时，背景的选择也可以很多样，单独颜色的背景或者横条纹可以更突出服装的款式。在商品介绍中搭配一张平面的细节图可以让客人更有购买的欲望，如图 3-25 所示。

图 3-25 在商品介绍中搭配细节图

对于裤子类的商品图片，建议不要以一种单一形式来展示。裤子的拍摄可以选择平面拍摄 + 模特拍摄，或悬挂拍摄 + 模特拍摄搭配进行。单一美图可以勾起顾客的购买欲，细节图能让顾客放心购买，搭配图可让客人下决心购买，细节图再配一张模特拍摄效果会让销量成倍增长。

第 43 招　如何拍摄不同面料的服装

服装产品图的拍摄非常有技巧，不同的服装面料要使用不同的灯光和相机设置。

在整理衣服时，要先了解本次拍摄中的所有服装的质地和颜色，把它们区分开来，这样有助于后面的拍摄，省得老得重新调整和变换拍摄方式。可以按照深色和浅色以及粗棉、细棉、毛、丝和混纺几个类别分开。

拍摄时，不同类型的衣服会有稍微的调整，比如对深色棉质衣服，需要把曝光适当增加，对纯白色衣服需要适当减少曝光。丝质、棉加丝类或者毛衣，这类衣服比较难拍，在拍摄时有反光或者大量纹理，由于纺织密度高，数码相机有时分辨率不够或者因为反光等原因会出现太阳纹（即有规则或无规则地在衣服表面产生的杂色光纹）。这个问题很难处理，办法是适当调整光位，或者调整拍摄角度；还有个办法就是后期处理了。

在拍摄过程中，手绝对不能颤抖，否则会影响服装质感的表现。在用光方面，细腻质料的服装比较适合用柔和一点的光；粗糙质料的服装比较适合直接打光，可以增加面料的质感。刚进货的衣服由于折叠，会比较皱，可以先用熨斗把它烫平整再拍摄。

第 44 招　网店服装街拍技巧

街拍要的就是打破构图规则，可以选择随意的角度与构图来表现主体。服装街拍有哪些技巧呢？

1. 墨镜展示大牌范儿

戴上大墨镜，一来可以修饰模特的脸型，把观者的注意力很好地转移到衣服本身，同时也可为整体随意的照片带来些许大牌的感觉，如图 3-26 所示。

模特的姿势最好不要做作，以免给人留下不好的印象，尤其是这种生活场景中的姿势，越自然越好，只要把最生活化的美感呈现出来就很好。

2. 选择日常生活中的大街小巷作背景

从专业来说，街拍最重要的是呈现一种现场感，对于背景的选择要尽量贴近生活场景。模特正要过马路的现场，就是生活中的平常场景，也最能给购买者带来共鸣；路灯、咖啡馆、指示牌都是街道上的视觉符号，如果以它们作为背景，可能会让你的照片变得更街道化和与众不同，在没有醒目的拍摄主题时它们也可以作为主题。图 3–27 是以街道马路作为背景。

选择在繁杂的街景中拍摄，可以很好的将模特的休闲宁静感表现出来，在都市繁华的背景之中形成个体和群体的对比，从而突出“人群中你最亮眼”的时尚理念，但又有一种大众流行的趋势，让人产生一种“我也要像她那样穿”的想法。

图 3–26　墨镜展示大牌范儿

图 3–27　以街道马路作为背景

3. 打破中规中矩的传统构图

可以斜着拍照，这样的斜拍构图很有创意，给照片增加了力度，并且能摄入较多场景，能更加吸引观众的目光。斜拍很简单，将相机斜置，换个角度看世界就可以了。也可以试着以对角线构图来打破水平垂直构图的局限。图 3–28 为对角线构图。

图 3–28　对角线构图

从腰部拍摄，这样拍摄出的角度更为亲近。只需将手臂在身旁自然下垂，然后把相机抬起合适的角度，朝向要拍摄的方向即可。拍摄中还可以变更视角，拍摄街对面的风景，慢慢调整焦距也许会带来意外惊喜。

第 45 招　模特怎样摆出迷人的 POSE

网店实拍图片吸不吸引人，很重要的一点就是模特的拍照姿势。如果拍照姿势不恰当，那就失去了本身的美感。如果模特表现得死板或者做作，将直接影响照片的质量，并直接影响服装的效果。服装模特怎样才能摆出迷人的姿势呢?

（1）头部和身体忌成一条直线。两者若成一条直线，难免会有呆板之感。因此，当身体正面朝向镜头时，头部应该稍微向左或是向右转一些，照片就会显得优雅而生动；同样的道理，当被摄者的眼睛正对镜头时，让身体转成一定的角度，会使画面显得有生气和动势，并能增加立体感。图 3–29 中模特的头部稍微转下，显得优雅。

（2）拍摄时，还应该注意手的姿势。手的姿势可以和人的面部形成明显的对应，让画面变得比较丰富，如图 3–30 所示。

图 3–29　头部稍微转下，显得优雅

图 3–30　手的姿势

（3）双臂和双腿忌平行。无论被摄者是持坐姿还是站姿，都千万不要让双臂或双腿呈平行状，因为这样会让人有僵硬、机械之感。妥当的做法可以是一曲一直或两者构成一定的角度，如图 3-31 所示，这样就能既造成动感，姿势又富于变化。图 3-32 所示为单手叉腰，这种注重手部动作的 POSE 非常适合拍摄环境人像，手臂的曲线可以打破只有直线的感觉，让画面变得非常有张力。

图 3-31 臂和腿构成一定的角度

图 3-32 单手叉腰

（4）尽量让体形曲线分明。对于女模特来说，表现其富于魅力的曲线是很有必要的。

（5）跳跃时身体要伸展开来，并且让手脚尽量分开。但这种跳跃的拍摄很少有一次成功的，可以多跳几次，以捕捉最完美的画面。

（6）坐着也精彩。坐姿人像相对于站姿人像，局限性大一些，但坐姿能形成优美的曲线。坐姿以与相机成 45° 斜向坐姿为基准，分成斜侧向坐姿、背向坐姿与侧背向坐姿三种。而以上下身躯干所形成的角度来区分，则可分为直角坐姿、钝角坐姿与锐角坐姿；若以两腿交叉摆放的样式来分，则可分为大腿上交式与小腿下交式。服装、打底裤、裤子、长袜等都可以用坐姿来表现。图 3-33 所示为坐姿拍摄打底裤。

图 3-33　坐姿拍摄打底裤

第 46 招　怎样拍摄帅气的男装图片

男装平铺拍摄时要体现出立体感和质感。领子、袖子要有穿着效果，其他地方可以是平的。可以通过报纸、布料、毛巾等塞在需要体现立体感的部位如袖子等处。图 3-34 所示为平铺拍摄的男装。

褶皱的效果可以通过气熨台来轻易地完成。如果是质地单薄的服装，可以利用水，用水打湿。注意，如果因为水而改变了颜色，后期的处理要把颜色调整回来。褶皱的体现要符合基本的人体运动规律，不是什么部位都有褶皱。不同的材料，褶皱也是不同的，例如纯棉的皱纹与羊毛的、化纤的都有差别。图 3-35 所示为冲锋衣的褶皱效果。

图 3-34　平铺拍摄的男装体现出立体感

图 3-35　褶皱的效果

第 47 招 怎样拍摄情侣装模特

情侣装是很受大众情侣欢迎的服装类型之一。如今情侣装被各大娱乐节目渲染得比较红火，所以淘宝上的情侣装也开始如雨后春笋般冒了出来。情侣装淘宝店开店的工作中，比较重要的环节就是模特拍照。情侣服装模特该如何拍摄？怎么才能拍出时尚大片的韵味？

相对于单人服装模特来说，双人照片的美姿造型更加多样。它不但有单个人物的体形、线条、人物表情的变化，还有人物之间的交流。在摆双人美姿时，一定不要忘了两人之间神、形的呼应和变化，如图 3-36 所示。

图 3-36 两人之间神、形的呼应

拍情侣服装模特时应注意以下几个方面。

造型时要注意二人之间姿势的变化。一般情况下，被摄者相对相机有几种基本结构组合：女正身男侧身、女半侧身顺男半侧身、女半侧身对男半侧身、男侧身女侧身、男正身女正身、男背身女背身。在这六种基本组合的基础上再进一步微调细分，就可以产生无穷无尽的美姿造型。图 3-37 所示为女正身男半侧身，图 3-38 所示为女半侧身男正身。

图 3-37 女正身男半侧身

图 3-38 女半侧身男正身

拍摄情侣服装模特时还应该注意画面的线条变化。画面中的线条具有不同的含义，例如：直线给人的感觉是刚直、雄健等，适合表现男性之美；曲线给人温柔、恬静的韵味，适于表现优美的环境或温柔的女性之美。图 3-39 中为人物线条的变化。

拍摄服装模特时，被摄人物的姿态、表情与人物所处的空间环境是相互关联的。被摄人物所处的环境不同，所要表现的服装产品不同，姿势造型也不同。例如在温馨的环境中表现甜美可爱型的服装，人物的姿态造型要柔和一些，如图 3-40 所示。在热烈环境中，人物的姿势造型可以奔放活泼一些。

图 3-39　线条的变化

图 3-40　姿态造型柔和

第 48 招　围巾、帽子的拍摄

开网店卖帽子、围巾，是当下很多网店创业者首选的经营项目，尤其秋冬季更是帽子、围巾的销售旺季，把握好时机绝对能够快速赚钱。帽子、围巾的生意好做，大家也都深有体会，只要能找到好的款式、好的质量、低的价格，基本上就能够顺利地开好网店。

围巾一定要表现出动感、飘逸，甚至可以拍出妩媚、高贵、雅致，拍出女人的味道……不同材质的围巾，在被拍摄的时候所需要表现出来的质感也不尽相同。比如纯羊毛的围巾，这类毛巾的特点就是质地较轻盈，纹路清晰，光泽自然柔和，手感柔软而弹性丰富；丝绸质感的围巾手感光滑，晶莹剔透；布料的围巾比较硬挺，造型感强烈。所以在拍摄围巾的时候要有侧重地表现这些特点。拍摄时，应注意表现其不同的花样，也许正是好的花样才能吸引年轻、时尚的买家，如图 3-41 所示。

图 3-41 围巾的花样

模特衣服的颜色也应尽量与围巾协调，将围巾拉开展现细节的同时也更具活泼感；将围巾围在脖子上，则方便买家看到实际长度和效果，如图 3-42 所示。

一般来讲，白色的背景纸可以使画面显得干净，可以凸显围巾、帽子柔软的质感。如果拍摄带花的围巾，用白色的背景纸非常适合。图 3-43 中以白色背景搭配手套和帽子，画面的构图也更加饱满。

图 3-42 将围巾围在脖子上展开细节

图 3-43 白色背景搭配手套和帽子

帽子的种类有很多，如动物毛皮的、毛线的、棉线的等。拍摄时也要注意光线的强度，要将质感表现得真实、自然。图 3-44 中采用的俯拍能够表现帽子的样式。

另外，让真人试戴帽子的方法也不错。帽子、围巾都可以戴，这样可以让买家更直观地看到帽子戴上的效果，如图 3-45 所示。

图 3-44　俯拍帽子

图 3-45　真人试戴

第 49 招　腰带的拍摄

腰带摆放时可以卷曲或平铺。可以同款多色叠加在一起，这样会显得比较有整体感。很多腰带的照片都是单独一条拍摄的，如果把多条腰带放在一起拍摄，就会出现不一样的效果。拍摄腰带时，背景的选择也可以很多样，单色背景或者横条纹背景可以更突出腰带的款式。图 3-46 所示为同款多色叠加在一起的腰带。

拍摄腰带需要一定的角度，以腰带扣为拍摄重点，起强调作用；要展示出腰带的材质。腰带本身属于细长形，如果直接放置拍摄，画面中的空白地方太多，会显得单调又乏味。可将腰带弯曲叠放在拍摄台上，除了表面纹理、花色之外，腰带扣应该摆放在视觉中心的位置，尽量靠前，可以显示其尊贵或华美，如图 3-47 所示。

图 3-46　同款多色叠加在一起的腰带

图 3-47　以腰带扣为拍摄重点

通常拍摄腰带有三种角度，一种是微俯，一种是平视，还有一种是正俯视。这三种角度再加上 2~3 张的细节图，就能比较完整地描述宝贝了。图 3-48 所示为细节图。

图 3-48 细节图

第 50 招 背包、钱包的拍摄

在拍摄背包的时候，为了体现其立体感，需要在包里装一些填充物，让包包有型，从而让买家清楚地知道实际使用中包包的模样。填充物可以是塑料袋或是废报纸，如图 3-49 所示。

图 3-49　背包中有填充物

皮包在拍摄时容易产生反光，因此灯光的控制很关键。拍摄皮包这类商品，反光板必不可少，同时还至少需要两盏照明灯。拍摄休闲背包时，反光问题不会那么严重，以常规拍摄问题不大。

在拍摄钱包之类的包包时，一定要注意物品的摆放。要让钱包看起来很美观，在摆放上要多下些功夫，如图 3-50 所示。若是随便将钱包一放，是无法拍摄出富有美感的包包的。

图 3-50　钱包摆放整齐

大部分钱包都无法直接独立地“站立”起来。若是让钱包立起来，拍摄效果就会好很多，如图 3-51 所示。

对商品外形的第一感觉如何，是买家决定是否购买的关键。但对背包、钱包这类商品而言，买家也会十分关注内部的设计。因此，卖家还要取出填充在包包里面的报纸或泡沫塑料，将包包完全打开，然后进行细节拍摄，如图 3-52 所示。

尽量让照明光线能够进入到包包里面。包包通常由特定的材质做成，如果想充分表现包包的材质，拍摄时最好将特定部分放大。对包包来说，肩带非常重要，因此一定要拍摄。牢固的缝制和结实的拉锁能体现包包的品质，所以在拍摄的时候一定要表现出来。图 3-53 所示为包包的细节图。

图 3-51　钱包立起来

图 3-52　将包包完全打开

图 3-53　包包的细节图

第 51 招　皮鞋的拍摄

皮鞋都具有某种程度的光泽。要突出皮鞋的光泽感，最好按照对角线来布局。尽可能在一张照片中容纳前面和里面的各种信息。从图 3-54 中可以同时看到皮鞋的前面和侧面，还能看见里面的一部分。

高跟鞋拍摄时首先一定要突出它的跟，如图 3-55 所示。其次是面料，面料的不同直接决定搭什么样的衣服或裙子。

图 3-54　一张照片中容纳各种信息

图 3-55　高跟鞋要突出跟

若卖的是纯色的高跟鞋，那么就要把各种色款都展现出来，如图 3-56 所示。非纯色的高跟鞋的点缀也是很重要的，比如钻石、珠宝、链子、铆钉等。这些精致的装饰品可以运用特写，多角度拍摄，如图 3-57 所示。

图 3-56　把各种颜色都展现出来

图 3-57　高跟鞋的点缀放大拍摄

第 52 招　运动鞋的拍摄

拍摄运动鞋时应该完美地表现材质；如果是功能性运动鞋，还应该表现出细节。

图 3-58　黑色背景

棚内单色背景是目前国内外最常见、最流行的一种运动鞋摄影手法，也是一般商品摄影最常用的拍摄方式。可以采用黑色背景拍摄，如图 3-58 所示。

大量运动鞋的 PS 背景在欧美的杂志和公司的宣传中可经常看到。首先在棚内拍摄细致的运动鞋照片，然后再由后期制作人员通过软件给运动鞋加上合适的背景。精通 Photoshop 等软件的人可以试试，如图 3-59 所示。

运动鞋的鞋脸和侧面都要拍摄到，材质、Logo、鞋底都是有必要展现的，要注意细节方面。运动鞋大部分是运动时穿的，所以要突出一些运动时舒适的照片，可以穿上鞋运动时拍摄，如图 3-60 所示。

图 3-59　PS 背景

图 3-60　穿上鞋运动时拍摄

第 53 招　拖鞋、凉鞋的拍摄

拍摄拖鞋和凉鞋与前面的情况不同，因为凉鞋可以看见里面，所以应该细致地拍摄。摄影时要注意拖鞋带子所产生的阴影，此时可以利用反光板给需要的部分增加光线。

图 3-61　拖鞋

图 3-61 是最常见的拖鞋照片。摄影时要尽量表现拖鞋的正确形状和简单大方的感觉。

儿童凉鞋拍摄时应该在容易被阴影遮盖的部分多下功夫。如果是原色商品，应该拍得比较明亮，以给人一种清爽凉快之感。与丰富的摄影经验和技巧相比，拍摄鞋子时更应该充分考虑构图。

第 54 招　鞋子的细节拍摄

调查结果显示，买家更关心宝贝的细节图，如此重要的一环怎么可以用简单的几张图片了事呢？细节是一个能有效说明鞋子特色的地方，就好像一道菜，宝贝效果图让你品尝到它的美味，而细节就是这道菜的配料和工艺。细节也是一个诠释该宝贝特色的地方，可以为宝贝加分。

各种必要的角度都要拍到，如单只和组合的不同角度，外加有一些卖点的细节和做工描述及不同色的同一场景的色差对比图。

如果想充分表现鞋子的真皮材质或特定部分，拍摄时最好将特定部分放大，同时还要仔细拍摄有特色的部分。鞋子的亮点部分需要重点体现，如果拍摄到位，就能完整地传递商品信息，有利于买家全面了解，如图 3-62 所示。

好的图片需要不断地变换光位，务求光线都打在产品上。拍摄内部时需要把灯移到产品上面照亮内部，把内部细节拍摄好，如图 3-63 所示。

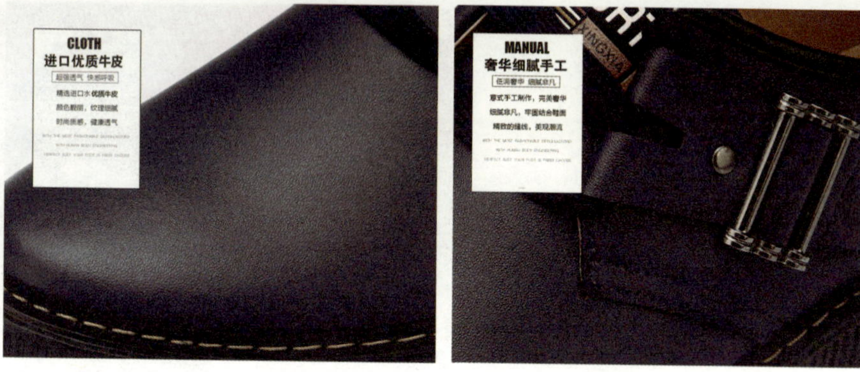

图 3-62　表现鞋子的真皮材质或特定部分

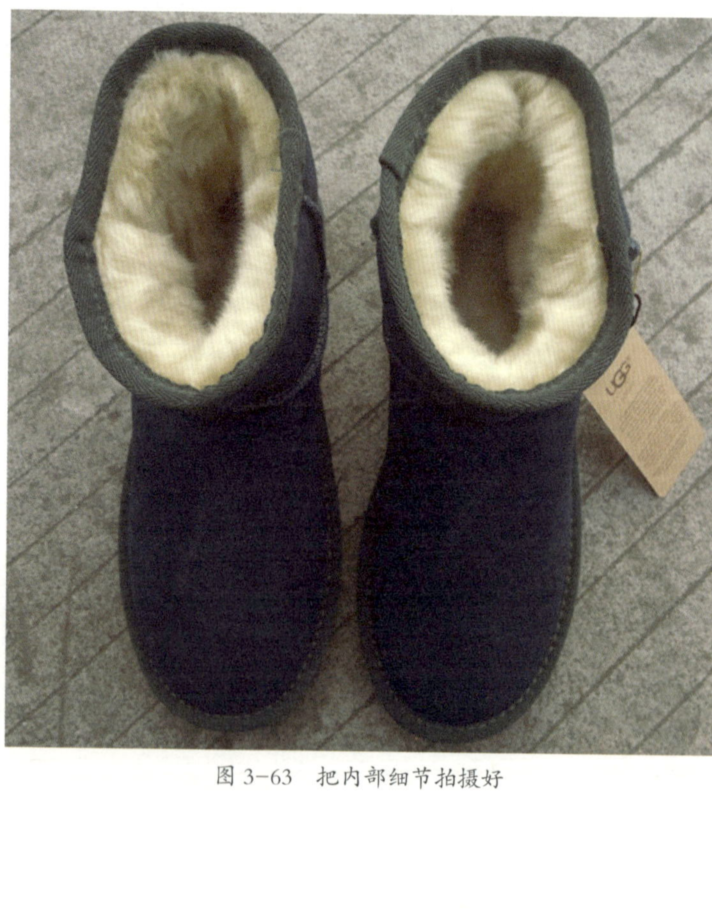

图 3-63　把内部细节拍摄好

第 4 章

居家商品的拍摄

家居类商品在淘宝上有众多的买家，当然卖家也相当多。如何在这众多的卖家中脱颖而出，让买家们选择你的商品，一方面是店铺的信誉，另一方面就是宝贝详细的展示图。本章节就向大家介绍居家用品的拍摄。

第 55 招 床单、被罩的拍摄

人都需要休息，人的一生起码有三分之一的时间是在床上度过的。与人最贴身的莫过于床单和被罩。目前市场上床单被罩的品牌成千上万，淘宝网上也出现了很多床单被罩的卖家。那么怎样拍摄床单和被罩呢?

床单和被罩一般都有很多种颜色，同类款式的商品不需要每种颜色都拍摄对应的细节图片。可以选择其中一种颜色进行细节拍摄，如图 4–1 所示；其他颜色的商品拍摄整体效果即可，如图 4–2 所示。

在拍摄床单和被罩的时候，首先要把床单和被罩铺平；还可以根据商品的特点放上一些合适的搭配商品，如花瓶、灯具等，如图 4–3 所示。

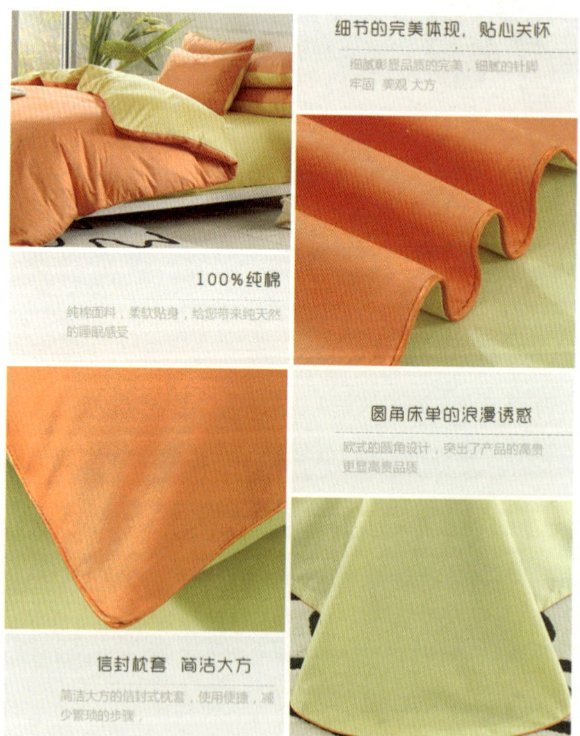

图 4–1 选择其中一种颜色进行细节拍摄

图 4-2 其他颜色的产品拍摄整体效果

图 4-3 被罩铺平并搭配花瓶、灯具

第 56 招　窗帘的拍摄

由于消费者审美的转变及环保意识的逐渐加强，窗帘不仅体现一个房间的表情，也反映了主人的生活品味和情趣，一款落落大方、简约高雅的窗帘，可以为居室锦上添花。

窗帘最好悬挂着拍摄，可以利用通过窗帘的自然光通透画面。同时还要加上大面积的人造光源对主体进行照射。图 4-4 中窗户可以起到通透窗帘的作用，加上室内的光线作用，更加漂亮。

图 4-4　窗户起到通透窗帘的作用

图 4-5　窗帘的条纹拍摄得很清晰

窗帘的颜色五颜六色，造型多样，所以需要更多的细节图来表现。利用微距拍摄局部的细节纹理，可以让买家有真实的感觉。图 4-5 中窗帘的条纹拍摄得很清晰，表现出了其材质细节。

窗帘的主色调应与室内的色调相适应，补色或近色是允许的，但是极端的冷暖对比是一个大忌。客厅最好选择暖色调的窗帘，体现热情、温馨的氛围。书房可以选择清新的绿色系窗帘，营造自然、安静的气氛。卧室则建议选择平衡色，能带来柔和、舒适、安闲的视觉感受。儿童房适合选用颜色鲜明、对比强烈的色彩，产生活泼、跳跃、生动的效果，图 4–6 所示为儿童房的窗帘。

图 4-6　儿童房的窗帘

第 57 招　地毯的拍摄

由于地毯具有丰富的图案和色彩，室内铺上的地毯与家具、墙面及其他装饰品用具相结合构成一幅和谐、舒适的图画，能给人有一个良好的心境，人处于居室之中有舒畅、轻松的感觉。怎样拍摄地毯呢?

地毯相对于其他居家商品来说，一般面积比较大，通常在表现地毯的时候可以拍摄其精彩的局部，以突出地毯的质地和精美的花纹。图 4–7 所示为利用微距拍摄的地毯细节，可以将其材质完美地展现出来。

可以将多种色彩的地毯放在一起，用不同的色彩丰富画面，增添画面的形式美，如图 4–8 所示。

图 4-7　利用微距拍摄地毯的细节

图 4-8　将多种色彩的地毯放在一起

在灯光的布置上，在拍摄肌理凹凸感不强的地毯时，可以选用高位置的直射光以突出地毯色彩的真实性。在拍摄肌理凹凸感较强的地毯时，可以在主光源充足的前提下，设置一个光位较低的侧光源，以便表达地毯凹凸的质感。

第 58 招　灯具的拍摄

灯具最基本的作用是照明，满足基本功能以后，灯具通过其独特多变化的外形，还成为每个家庭不可缺少的装饰，它能让居室有所变化，创造出所期望的情调和氛围。

灯具拍摄时除了注意要展示其精美的外形之外，还要明白灯具本身就是一个光源。可以通过相机的自动测光，在无外界光照的前提下得到一个该灯具明亮时的合适曝光值，锁定曝光参数，再根据其曝光参数利用环境光加以补光，就可以得到一幅完美的灯具照片。图 4-9 中吊灯不仅是拍摄的主体，本身也是光源，起到了照明的作用。

图 4-9　灯具本身就是一个光源

不同的灯具在拍摄时要根据其特点来构图，常见的灯具有吊灯、壁灯、落地灯、吸顶灯、台灯。

卧室可以使用落地灯、壁灯或吸顶灯。落地灯的拍摄除要展示其本身之外，灯具与家居之间的关系也是构图的元素之一。图 4-10 中漂亮的落地灯与欧式沙发放在一起，显得更加高端、大气、上档次。壁灯宜用表面亮度低的漫射材料灯罩，这样可使卧室内显得光线柔和，利于休息；拍摄此类灯具尽量选择干净、色彩统一的墙壁作为背景，以达到突出主体的目的。如图 4-11 所示。

图 4-10 落地灯与沙发搭配

图 4-11 拍摄壁灯

由于吊灯和吸顶灯安装在天花板上，通常都是仰视拍摄；灯具的造型与色彩要与客厅的家具摆设相协调，如图 4-12 所示。如果房间较低，可用吸顶灯，这样客厅显得明快大方，具有时代感，如图 4-13 所示。

图 4-12 仰视拍摄吊灯

图 4-13 吸顶灯

第 59 招　刀具的拍摄

厨房用具通常都是一些表面光滑的商品，具有强烈的单向光反射力，直射灯光聚射到这类商品的表面，会产生强烈的折射。所以拍摄这类商品要采用柔和的散射光线进行照明，也可以采取间接照明的方法得到柔和的照明效果。

对刀具的表现不要局限于其外表，我们知道一把刀的好坏在于其锋利性，应选用微距镜头进行拍摄。如图 4–14 所示，利用微距把刀锋的棱齿部分拍摄得清晰可见。

拍摄刀具的时候，可以考虑使用深色背景，明亮的刀与深色的背景之间的明暗对比，可充分表现出锋利的效果，如图 4–15 所示。

图 4–14　微距拍摄

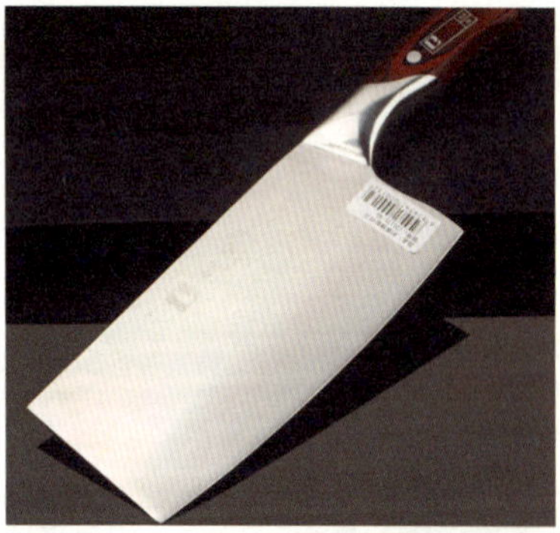

图 4–15　深色背景

选择一张干净的背景纸，不要有杂物，始终保持画面的整洁。将清理干净的刀具放在上面，给刀具摆造型，如图 4–16 所示。因为它们有很强的反光，指纹和灰尘很容易被相机记录下来，所以在摆放时一定要记得戴上手套。

图 4–16　干净的背景纸

第 60 招　锅具的拍摄

锅是日常生活中必不可少的，在淘宝上也有很多锅具卖家。锅的材质一般为钢、铁、合金等金属材质，像刀具一样光滑，容易产生强烈的反光，所以拍摄时不能用直射光，最好使用较大的反光板或柔光箱进行拍摄，柔和的光线会在金属表面形成柔和的过渡。想拍摄出效果较好的锅具图片要注意以下几点。

（1）布光时要采用大面积的软光照明，光线要均匀且柔和，可配合使用柔光罩、反光板、硫酸纸等。重要的是将它们的金属质感很好地表现出来，让它们反光，这样看起来才会亮泽干净。

（2）对于色彩艳丽的锅具要采用散射光进行拍摄，这样可以更好地还原色彩，如图 4–17 所示。

（3）在拍摄金属锅具的时候可以加入蔬菜水果等元素以丰富画面的色彩，如图 4–18 所示。

图 4–17　色彩艳丽的锅具

图 4–18　加入蔬菜水果等元素

（4）锅具会将周围的杂物映射到被摄体光亮的表面，因此最好使用隔离罩。隔离罩的使用不仅可消除周围环境对主体的干扰，还可以使光质变软、变柔。

（5）在拍摄锅具内部的时候，更容易产生反光，需要不停地调整反光板的位置，多拍几次，直到拍摄的照片上没有多余的反光影像为止。

（6）拍摄锅具，以下几个内容必不可少：锅具的整体外观、把手、内部、底部；如有锅盖，还要对锅盖进行单独拍摄。

第 61 招　餐具的拍摄

餐具是我们日常生活中再平常不过的东西，通常的餐具包括盘子、碗、筷子等，根据其形态的不同而分为不同的点、线、面形式。餐具的布局摆放是拍摄中最花心思、最花时间的一道工序。摆放要得体，必须按照其本身搭配的规律进行，既要使人看清楚餐具的形态，又务求做到协调统一。图 4–19 中餐具的摆放得体，点、线、面协调统一，整个画面饱满且充满生机。

图 4–19　餐具的摆放得体

在布光方面，其要点在于：（1）不要用直射光；（2）不要设置太多的灯光。用直射光不可避免地会出现刺眼的反光点，而如果用灯太多，就会使投影杂乱，物体的立体感较难在画面上表现出来。和拍摄锅具的方法类似，需要柔光罩；如果没有柔光罩，拍摄时光滑的餐具上会反射出光线。合理利用反光板，也是减弱反射光的方法之一。

通常在拍摄餐具时有以下几种角度：水平平视、微微俯视、完全俯视。如图 4–20 所示为微微俯视拍摄，图 4–21 所示为完全俯视拍摄。

图 4–22 中叠放在一起的碟子使画面极具形式美感，酒杯和鲜花的点缀为画面增添了高品质的生活气息。

图 4–20　微微俯视拍摄

图 4–21　完全俯视拍摄

图 4–22　叠放在一起的碟子

拍摄的时候，可以将食物放置于餐具中，把食物和餐具想象成一个整体作为搭配方式，会使画面更具吸引力，如图 4–23 所示。

图 4–23　食物和餐具搭配

很多卖家在出售整套餐具时，只有整套餐具的实物图，如图 4-24 所示。这种图片没有详细的细节展示，会大大降低买家的购买兴趣。整套餐具中会有不同尺寸的碗、盘子、汤勺等，最好能拍摄出每样餐具的细节图，如图 4-25 所示。

图 4-24 整套餐具

图 4-25 细节图

第 62 招　茶具的拍摄

茶具如同其他餐具一样，它的发生和发展经历了一个从无到有、从共用到专一、从粗糙到精致的历程。现代茶具，式样更新，名目更多，做工更精，质量也属上乘。在这众多质地的茶具中，贵的有金银茶具，便宜的如竹木茶具，此外还有用玛瑙、水晶、玉石、大理石、陶瓷、玻璃等制作的茶具。

茶具的拍摄和餐具的拍摄类似，在产品的摆放上可以借鉴餐具的拍摄。根据不同的饮茶习惯，茶具可以分为中式茶具和西式茶具。西式茶具中多数以白色及有花纹的陶瓷器为主，所以在背景的布置上要尽量选用颜色较深的背景，在光线的布置上以漫射的柔光为主，如图 4–26 所示。

中式茶具种类繁多，造型优美，除实用价值外，也有颇高的艺术价值，因而驰名中外，深受茶爱好者的青睐。中式茶具因制作材料和产地不同而分为陶土茶具、瓷器茶具、漆器茶具、玻璃茶具、金属茶具、竹木茶具和玉石茶具等几大类。

中式茶具中最为出名的是宜兴的紫砂壶，由于它本身色调较深，所以拍摄时可以选择较为明亮的背景。图 4–27 中的中式紫砂壶带有浓厚的东方韵味，不露锋芒，不求耀眼，底蕴十足，神气内敛。

图 4–26　西式茶具

图 4–27　中式紫砂壶

茶具在摆放上也要注意美感，不要放得过于密集，也不要太过稀疏，要错落有致，如图 4–28 所示。

图 4–28 茶具的摆放要注意美感

第 5 章

珠宝首饰与化妆品的拍摄

爱美之心人皆有之，特别是女人。珠宝首饰属于奢侈品类，一定要拍得美丽诱人，力求让人一看就想占为己有、欲罢不能。化妆品则是女人的必需品，女性选购化妆品时，除了对比功效之外，化妆品产品图片传递出的精致美感也会在很大程度上影响其购买决策。本章主要讲述珠宝首饰和化妆品的拍摄。

第 63 招　戒指的拍摄

戒指与其他商品不同，它非常小，需要细致地拍摄。同时，由于戒指本身的特点，需要出色地表现背景反射或发光点。如果使用一般布局中的照明，会发现戒指不发光、显得很模糊，如图 5–1 所示。最好按照不同方向放置反光板，进行反复摄影。

在拍摄戒指时，既要突出戒指外壁的材质，也要突出其内部的材质。在摆放时，尽量不要正对相机，不要把戒指平放在一个平面，要立起来拍摄，这样才能保证通过戒指看到后面的景物，从而达到最大化表现内壁和外壁的空间感，如图 5–2 所示。

图 5–1　戒指不发光、显得很模糊

图 5–2　立起来拍摄

铂金钻石戒指很难拍摄，最大的问题在于反射。要突出铂金特有的金属亮泽，还要保证钻石的通透。拍镶钻的戒指时，可以使用一些小的附件充分展现钻石的光亮，比如用深色的背景进行陪衬，如图 5–3 所示。

一般戒指上都会镶一些珠宝，如半透明的玛瑙翡翠、晶莹剔透的钻石。不同的透光材质在摆放时的要求也不同，对于不透光的珠宝应在画面中展示其完整的形态，对于半透明的珠宝应最大化地提供逆光效果的角度。图 5–4 中戒指上镶有的红色宝石是要突出的重点，要尽量完整地表现在画面上。

图 5-3　拍摄钻戒多采用深色的背景

图 5-4　红色宝石是要突出的重点

第 64 招　项链的拍摄

项链的拍摄和戒指大同小异。但要注意，根据项坠的材质或使用的立方体宝石的不同，摄影方法也会不同。首先观察项链有哪些部分是比较值得突出的，然后把这部分作为画面的重点来表现，并对主题进行准确曝光，最好用点测光或者中心重点测光。

不同的背景有不同的表现形式，黑色背景可以衬托商品的光亮质感；白色可以使画面简洁明快，展示商品的细节，让消费者更清楚地了解商品。为了能更好地反衬出浅色项坠的颜色和质感，可选择一块黑色的绒布，这样的质地低反光，容易衬托出金色，增加珠子质感。如图 5-5 所示以黑色背景衬托出项链的光亮质感。

拍摄项链时如果链子部分也全部展现，整体就会太小，无法看清吊坠的细节，很难展现商品的卖点；应该用微距放大吊坠部分，如图 5-6 所示。

可以尝试突出主体、虚化背景，如图 5-7 所示。链子是均匀的，可以只拍一部分。如果整体显得不自然，可适当进行裁剪，也可以获得不错的效果。

在很多项链等饰品的拍摄中，常见有大量的陪衬物体。在搭配其他物体拍摄时，注意不要喧宾夺主。图 5-8 中陪衬物太花太实，过于抢镜，应该换一种陪衬物。

图 5-5　黑色背景衬托出项链的光亮质感

图 5-6　用微距放大吊坠部分

图 5-7　突出主体、虚化背景

图 5-8　陪衬物太花太实，过于抢镜

第 65 招　珠宝的拍摄

拍摄珠宝要面对复杂的结构、金属反光、金属质感、钻石镶嵌等很多问题，且不在一个平面上，再加上摆放的难度，都给珠宝拍摄增加了不少难度。在拍摄珠宝的时候，非常重要的一点是，要尽可能地接近被摄物，以抓住更多的细节。

珠宝拍摄的第一个要点就是避免用直射的光线。直进直出的光线很硬，投影很明显且很容易令珠宝曝光过渡。可以用柔光箱做柔光，能很好地体现金属的质感，避免其他杂乱的环境反射到拍摄的物品里，更能把金属上明暗的过渡表现得很好。图 5-9 所示为用柔光箱拍摄珠宝。

静物拍摄是“七分摆三分拍”，珠宝拍摄的摆放是影响图片效果的重要因素，图 5-10 中的珠宝摆放得很有创意。

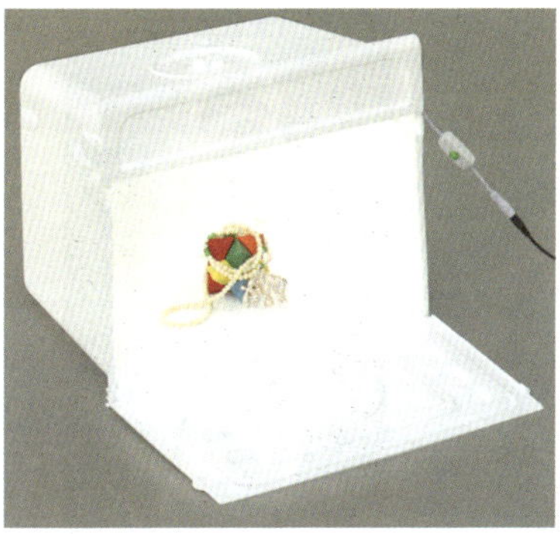

图 5-9　用柔光箱拍摄珠宝

图 5-10　珠宝摆放得很有创意

了解珠宝首饰的特性、结构，是将其拍好的首要条件。珠宝首饰十分精巧细致，其高贵的品质就蕴藏在细微之中。因其体积较小，一般用微距拍摄，可以选择专业的微距镜头，以保证在近距离拍摄的时候获得足够大的景深。拍摄单独的珠宝的可以使用较小的光圈来充分展现珠宝的细节，如图 5-11 所示。

珠宝首饰基本是由反光物质与透明物质组成的，产品的光泽感很强，所以在拍摄的时候要注意通过布光的角度最大化地控制反光。要重点研究并找出最能表现美丽光泽的部位和雕刻部位，才能突出珠宝首饰的做工，如图 5-12 所示。

图 5-11　用较小的光圈来充分展现珠宝的细节

图 5-12　美丽光泽的部位和雕刻部位

深色的珠宝宜配亮色的背景，如图 5-13 所示。亮色的珠宝宜配深色的背景，如图 5-14 所示。暖色的珠宝宜配冷色的背景，冷色的珠宝宜配暖色的背景。

图 5-13 深色的珠宝配亮色的背景

图 5-14 亮色的珠宝配深色的背景

如果要表现宝石的发光点，必须从各个方向传递光线，这样才能如实地表现发光点。此时应该制作可以引起漫反射的反光伞，也可以在泡沫板上附上锡纸或使用镜子，一般需要准备三四个漫反射用反光板。

第 66 招 手表的拍摄

手表的拍摄属于比较难的拍摄种类。其一，手表的高反光面，就像高反光镀金的五金产品一样，很难拍摄；其二，手表的各个部分的材质都不相同，可能需要在一种光线环境中把不同部分的质感、材料都清晰地表现出来，如图 5-15 所示。

拍摄手表这一类表面反光度很高的东西，不能使用闪光灯，否则手表表盘上就会出现大光点，有时会把摄影者自己的身影也投射在上面。图 5-16 所示为手表表盘上出现光点。可以考虑将手表倾斜一定的角度；也可以找几张 A4 白纸当反光板；还可以尝试不同的拍摄角度和光源的高低。只要多加尝试，肯定可以拍出理想的照片。

拍摄贵金属的手表，照片的颜色要适中，适中的颜色和反射的光芒会增加贵气，如图 5–17 所示。黄光会令这类手表变旧，如图 5–18 所示。

图 5–15　把质感、材料清晰地表现出来

图 5–16　手表表盘上出现光点

图 5–17　适中的颜色和反射光的芒会增加贵气

图 5–18　黄光会令这类手表变旧

特写手表某部位的零件，要好好利用阴影、角度、构图，才能有视觉冲击力，而相机则要求使用小光圈，这样，产品的细节表现会更锐利。如图 5–19 所示使用小光圈拍摄，表盘的细节清晰可见。

图 5-19　使用小光圈拍摄，表盘的细节清晰可见

一般昂贵的手表，其产品图片就很吸引人，其实这些品牌会花你想不到的费用去设计和拍摄一张图片，如图 5-20 所示的手表宣传图片。

图 5-20　手表宣传图片

第 67 招　手镯的拍摄

手镯和戒指、项链一样，款式不一，且材质丰富。拍摄手镯时，准备好背景、照明、球形柔光罩、帐篷、反光板等即可。此外，最好再准备一些可以保持手镯形态的手镯陈列用商品，如图 5-21 所示。

可以利用亚克力板拍摄手镯。图 5-22 中的手镯看起来闪闪反光，给人一种高档的感觉。

图 5-21　手镯陈列用商品

图 5-22　利用亚克力板拍摄手镯

第 68 招　香水的拍摄

香水摄影，是一件既有难度又有趣味的事情。因为香水大部分是透明的，这种材质最大的特点是它能“透过”光线，稍有疏忽，就会曝光过度，所以拍摄时要尽可能在反映其通透性上下功夫。不仅要把瓶子本身的质感表现出来，增加其高档的韵味，还要发挥创意性，让香水的魅力提升。

在拍摄香水瓶时，一般都使用黑色背景纸或白色背景纸。黑色背景下拍摄的香水给人一种神秘、诱惑的感觉，白色则给人一种干净、清新的感觉。当然也可以根据产品的颜色来选择背景的颜色，使画面的色彩更加丰富。借助道具的衬托，可以使产品更加诱人，同时画面也显得更加均衡，如图 5-23 所示。

图 5-24 表现了香水的扩散。

图 5-23　选择其他背景的颜色衬托香水

图 5-24　表现香水的扩散

香水瓶子的材质通常都是半透明的塑料或者玻璃的，在拍摄的时候应当透过瓶子拍摄出里面所装的香水。通常都使用柔光照明的方式来表现，尽量使用柔光罩；若是使用直接照明的方式，会使瓶子产生强烈的反光，非常刺眼。图 5-25 中使用白色的背景纸拍摄香水，将照明灯置于香水瓶的两侧，照明灯使用柔光箱，使光线柔和，避免直接照明产生浓重阴影。由于背景是白色的，背景反射的照明光线会穿过香水瓶照出瓶里的颜色。

在拍摄香水时，除了要展示其色彩之外，还要展示出其气味，最好搭配一些有味觉引导作用的饰品。图 5-26 所示为搭配植物突出香水的香味。

图 5-25　白色的背景

图 5-26　搭配一些植物突出其香味

拍摄香水时要注意观察容器和香水的颜色。一般容器都是透明的玻璃，在拍摄玻璃时要根据香水的色彩去布光，透明的香水可用逆光勾勒出玻璃瓶的轮廓线，如图 5-27 所示。带有彩色的香水也多用白色透明的香水瓶来放置，所以利用普通的光线能很好地表现其轮廓，如图 5-28 所示。

图 5-27　透明的香水

图 5-28　彩色的香水

合理摆放香水，也是拍摄中的关键。对于一些造型特殊的香水来说，在拍摄时要尽量采用能体现它们自身特点的角度进行拍摄。图 5-29 所示为俯拍，香水的摆放也比较美观。

图 5-29　俯拍，香水的摆放也比较美观

一般我们在拍摄香水时都会在室内摄影棚里进行；也不妨尝试把香水带到户外拍摄，让其与自然交融。

第 69 招　口红的拍摄

在拍摄口红这类化妆品时，一定要在摆放上多下功夫。拍摄口红时，如果是将口红立起摆成一排，画面会显得非常单调乏味，可以以灵活的方式将其重新摆放，形成一个错落有致的画面，如图 5-30 所示。

拍摄时也可以将其打开，把口红露出合适的长度，拍摄效果会更出色。图 5-31 所示为将口红打开拍摄。

图 5-30　灵活摆放口红

图 5-31　口红打开拍摄

口红的色彩从原来单一的红色发展到如今各种颜色都有，所以在拍摄口红的时候，不同类型的口红在背景的搭配上也有所不同。对于暖色系的口红，可以使用冷色背景搭配，如图 5-32 所示。对于冷色系的口红，可以选择暖色系背景搭配。也可以搭配花朵或其他的配景进行拍摄，使画面更加丰富。

口红的造型比较特别，通常是笔帽式的包装，所以在拍摄时要突出膏体和包装之间的结合关系。可以将多只口红并排排列构图，如图 5-33 所示。

图 5-32　使用冷色背景搭配

图 5-33　将多只口红并排排列构图

拍摄时，如果没有专业的拍摄台，就需要在口红下面铺一张足够大的白纸。如果是从上往下拍而白纸不够大的话，周边的环境就会在包装上产生反射。特别是口红的正面，需要留出一大部分空间，否则就容易产生反射。

第 70 招　睫毛膏的拍摄

睫毛膏的外包装通常都是用塑料瓶包装，拍摄难度较前面所说的香水及口红稍低一些。这类商品只需要如实地表达出商品的外观即可。

通常情况下，睫毛膏的瓶身都很光滑，也容易产生反光，所以需要两盏灯进行照明，同时又不能直接将光线照射到睫毛膏上，而是在灯头前加上柔光箱，放置在睫毛膏的两侧，让瓶身接受到柔和的光照。拍摄时，要注意两边照射光亮度的一致以及反射区域大小的一致，这样拍摄出来的照片比较好看。

单独拍摄睫毛膏多少会有些单调，这时也可借助其他的化妆工具或化妆品一起拍摄，效果会好很多。一起拍的商品最好是同品牌的、同一种风格的。图 5-34 所示为多件商品一起拍摄。

另外，将睫毛膏拿在手里拍摄也是一种方法，可以让买家看到拿在手中的商品的真实大小。在光线的选择上大多会选用夹光去突出其外轮廓。刷子比较小巧，所以一般用专业的微距镜头进行拍摄，以获得近距离拍摄时最大的景深，如图 5-35 所示。

图 5-34　多件商品一起拍摄

图 5-35　用微距镜头拍摄刷子

第 71 招　膏体类商品的拍摄

在常见的化妆品中，还有很大一部分膏体类商品采用软瓶包装。这类商品的拍摄，除了需要注意前面所说的细节外，还要重点突出其外包装的拍摄，因为这类商品的消费者一般关注产品的外包装，如图 5–36 所示。

图 5–36　外包装的拍摄

有些膏体类的化妆品，膏体本身也是重点突出对象，例如润肤面霜，在拍摄时可以打开瓶盖，突出里面的膏体本身，如图 5–37 所示。

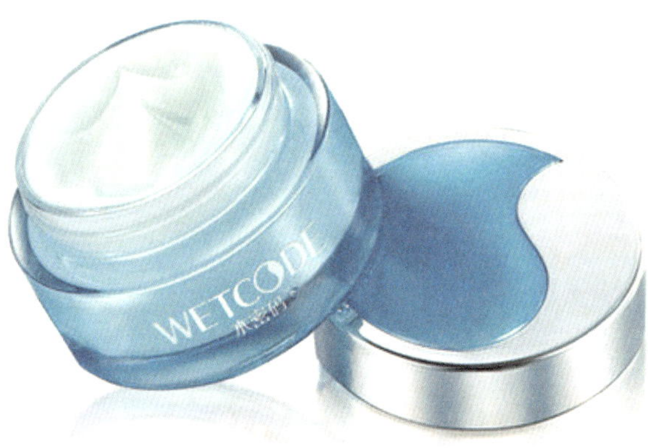

图 5–37　打开瓶盖突出膏体本身

化妆品在网购中存在很多假货，最好能将真假商品进行对比拍摄，这样既提高自己所售商品的真实性，也对买家起到一个提示的作用，如图 5-38 所示。

图 5-38 真假商品对比

拍摄化妆品类商品时，一定要用实物，不要直接使用产品的广告宣传图片。如果有条件，拍摄使用前、后的对比效果，会大大增加销售量。

第6章

处理商品照片以吸引顾客目光

顾客在网上购物的时候，如果被拥有漂亮图片的商品所吸引，就会打开商品详情页面进一步了解这件商品，而最终是否购买该商品，在很大程度上也受商品图片的影响。每个店主都需要有清晰、漂亮的图片来宣传自己的商品。本章介绍如何利用图片处理软件处理出合格的商品照片。

第 72 招　为照片添加水印，防止他人盗用

自己辛辛苦苦拍下的图片，在网络上很容易就被别人偷用了。怎么办？当然有办法了，加上水印就可以防止别人盗用了。具体操作步骤如下。

（1）启动 Adobe Photoshop CC 中打开图像，选择“文件”|“打开”命令，弹出“打开”对话框，在对话框中选择图像文件，如图 6-1 所示。

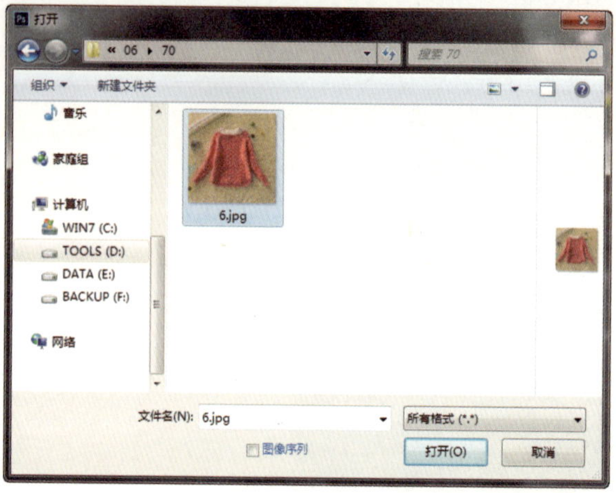

图 6-1　“打开”对话框

（2）单击“打开”按钮，打开图像，如图 6-2 所示。

（3）选择工具箱中的“横排文本工具”，在图片上输入文字“婷婷服饰”，如图 6-3 所示。

（4）选择“图层”|“图层样式”|“投影”命令，弹出“投影”对话框，如图 6-4 所示。

图 6-2　打开图像

（5）在该对话框中设置相应的参数，单击“确定”按钮，如图 6-5 所示。

（6）打开“图层”面板，将不透明度设置为 50%，如图 6-6 所示。

图 6–3　输入文字

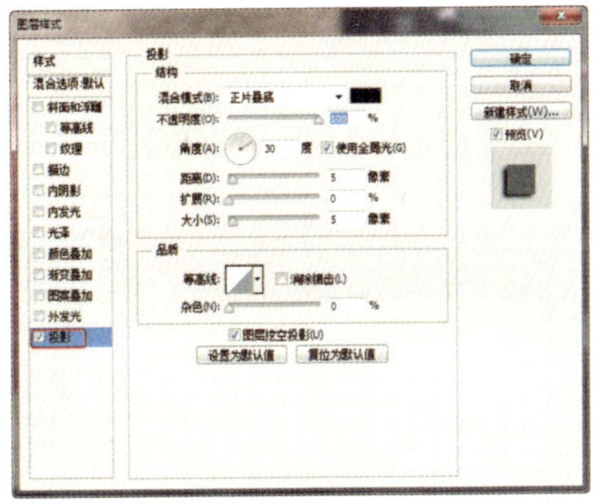

图 6–4　“图层样式”对话框

图 6–5　投影效果

图 6–6　设置不透明度

第 73 招　给宝贝添加精美边框

为照片添加相框，既漂亮大方又可以衬托出照片的珍贵。为照片添加相框的具体操作步骤如下。

（1）启动 Photoshop CC 软件，选择“文件”|“新建”命令，弹出“新建”对话框，如图 6–7 所示。

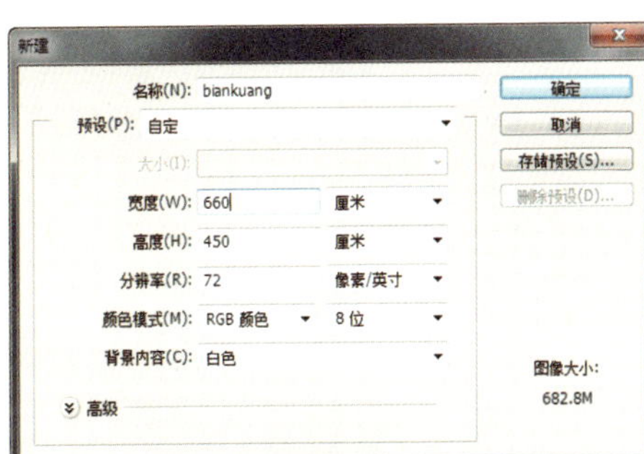

图 6–7　“新建”对话框

（2）将“高度”和“宽度”分别设置为 450 和 660 厘米，“背景内容”设置为“白色”，单击“确定”按钮，新建空白文档，如图 6-8 所示。

（3）打开一幅素材文件，如图 6-9 所示。

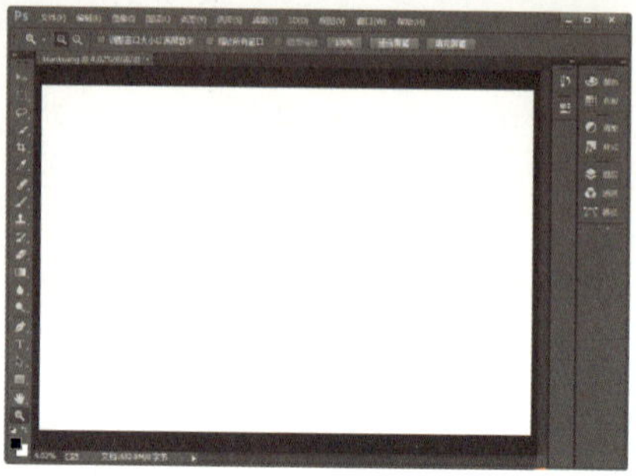

图 6-8 新建空白文档

图 6-9 打开素材文件

（4）选择工具箱中的“矩形选框工具”，在图片上选择一个小花，如图 6-10 所示。

图 6-10 选择选区

（5）选择“编辑”|“定义图案”命令，弹出“图案名称”对话框，如图 6-11 所示。

图 6-11 “图案名称”对话框

（6）返回到新建的空白文档上，使用“矩形选框工具”选择合适的位置，如图6–12所示。

（7）选择“选择”|“反向”命令，如图6–13所示。

图6–12　选择合适的位置

图6–13　反选

（8）选择“编辑”|“填充”命令，弹出“填充”对话框，如图6–14所示。

（9）在对话框中的“使用”下拉列表框中选择“图案”，单击“自定图案”后面的下三角，选择相应的图案，单击“确定”按钮，如图6–15所示。

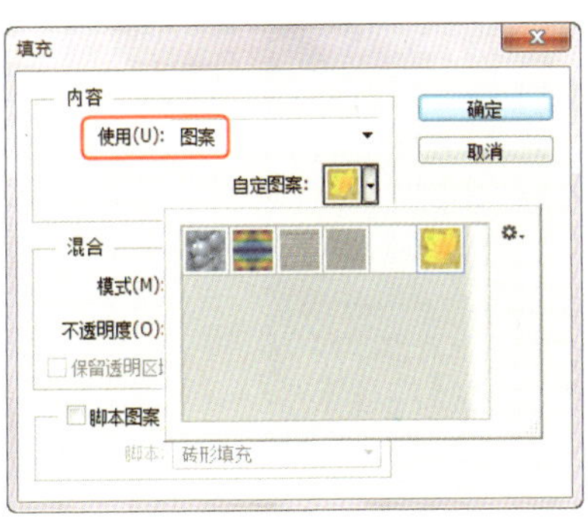

图6–14　“填充”对话框

图6–15　自定义图案

（10）选择“文件”|“置入”命令，在弹出的对话框中选择想要置入的图片，单击“确定”按钮置入图片，如图6–16所示。这样就可以为照片添加上边框了。

图 6-16 置入图片

第 74 招 调整图片的亮度与对比度

调整图片亮度和对比度的具体操作步骤如下。

（1）启动 Photoshop CC 软件，打开一幅图像，如图 6-17 所示。

图 6-17 打开图像

（2）选择“图像”|“调整”|“亮度 / 对比度”命令，弹出“亮度 / 对比度”对话框，在对话框中进行相应的设置，如图 6-18 所示。

（3）单击“确定”按钮，设置亮度和对比度，如图 6–19 所示。

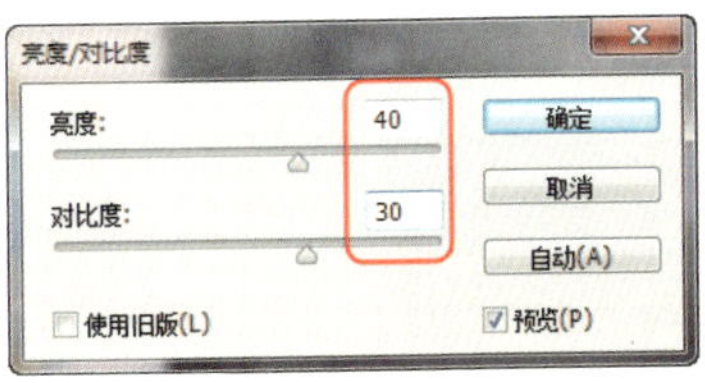

图 6–18 “亮度 / 对比度”对话框

图 6–19　调整图像的亮度和对比度

第 75 招　使用色彩平衡

使用色彩平衡的具体操作步骤如下。

（1）启动 Photoshop CC 软件，打开一幅图像，如图 6–20 所示。

（2）选择“图像”|“调整”|“色彩平衡”命令，弹出“色彩平衡”对话框，在对话框中进行相应的设置，如图 6–21 所示。

图 6–20　打开图像

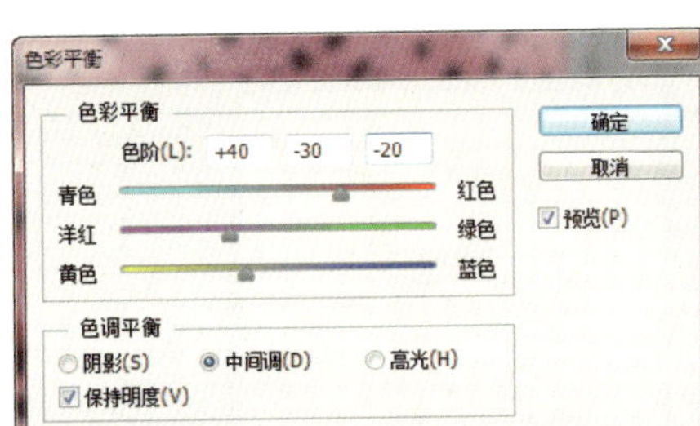

图 6–21 “色彩平衡”对话框

（3）单击“确定”按钮，设置色彩平衡，如图 6–22 所示。

图 6–22 调整图像的色彩平衡

第 76 招 调整图片的色相与饱和度

如果照片的色彩缺失饱和度，会严重影响照片的质量。合理地调整照片的饱和度，会使照片中的商品看起来更真实、更好看。调整照片色相与饱和度的具体操作步骤如下。

（1）启动 Photoshop CC 软件，打开原始照片，如图 6–23 所示。

（2）选择“图像”|“调整”|“色相 / 饱和度”命令，弹出“色相 / 饱和度”对话框，如图 6–24 所示。

图 6–23 打开原始照片

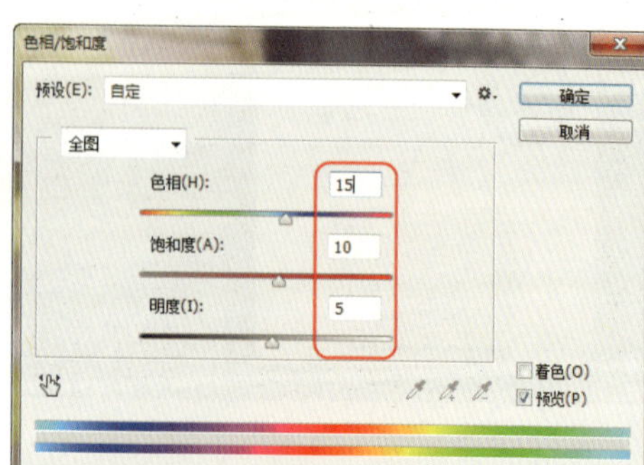

图 6–24 “色相 / 饱和度”对话框

（3）在该对话框中设置相应的参数，单击“确定”按钮，即可调整色相 / 饱和度，如图 6–25 所示。

图 6–25　调整色相 / 饱和度

第 77 招　抠图工具的简单运用

在使用 Photoshop 处理图片的过程中，经常需要使用“抠图”的方法将对象从背景中分离出来，这是一种十分重要且应该熟练掌握的技术。“抠图”的方法有很多种，如使用魔棒和套索工具法、蒙版抠图法、通道抠图法、路径抠图法、抽出滤镜等。

（1）启动 Photoshop CC 软件，选择工具箱中的“魔棒工具”，如图 6–26 所示。

（2）在“工具选项栏”中的“容差”文本框中输入合适的值，值越大选取的颜色相差越大，反之颜色相差的越小，视具体图片而定。在这里设成 32，设置完成后，使用“魔棒工具”在背景上单击，如图 6–27 所示。

（3）同时按住 Shift 键，单击没有选中的地方，将背景选中，按住 Shift 键，增加选区。按住 Alt 键，减小选区，这样就可以做出比较精确的选择，如图 6–28 所示。

（4）选择“选择”|“反向”命令，将图片中的图像选中，如图 6–29 所示。

图 6-26　选择魔棒工具

图 6-27　使用“魔棒工具”选择

图 6-28　增加选区

图 6-29　反选图像

（5）选择“选择”|“修改”|“羽化”命令，弹出“羽化选区”对话框，在“羽化半径”文本框中输入“1.2”，如图 6-30 所示。

（6）按 Ctrl+C 快捷键复制选区。打开一幅图片，作为新背景，如图 6-31 所示。

图 6-30　“羽化选区”对话框

图 6-31　打开图像

（7）选择“编辑”|“粘贴”命令，将复制的图像粘贴到背景图像上，如图 6–32 所示。

（8）选择“编辑”|“自由变换”命令，将图层 1 任意缩小，双击鼠标，即可完成图像抠取，如图 6–33 所示。

图 6–32 粘贴图像

图 6–33 抠取图像

第 78 招 调整拍歪的照片

照片拍歪是经常遇到的情况，本节将讲述如何利用 Photoshop 对其进行处理。具体操作步骤如下。

（1）启动 Photoshop CC 软件，打开一张拍歪的照片，如图 6–34 所示。

（2）选择“图像”|“图像旋转”|“任意角度”命令，如图 6–35 所示。

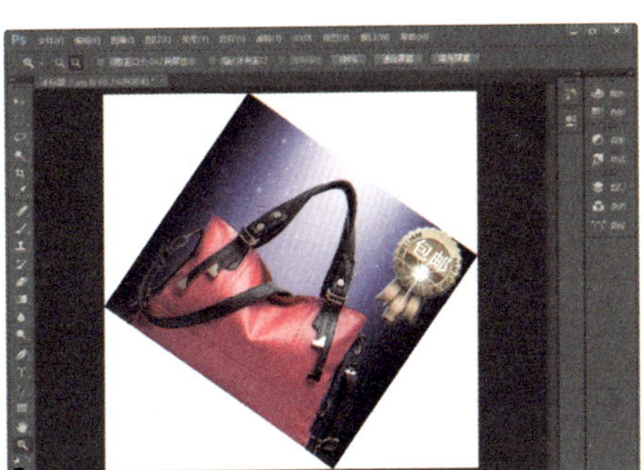

图 6–34 打开照片

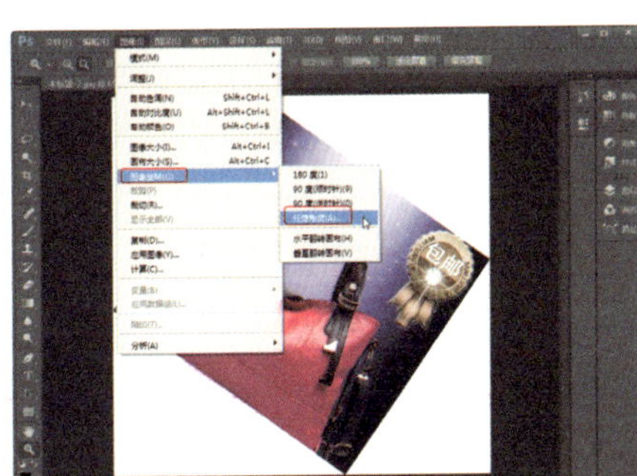

图 6–35 选择“任意角度”命令

（3）弹出“旋转画布”对话框，将“角度”设置为 35，选中“度（逆时针）”单选按钮，如图 6–36 所示。

（4）单击“确定”按钮，即可调整图像的方向，如图 6–37 所示。

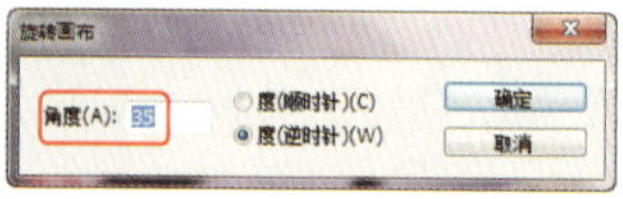
图 6–36 “旋转画布”对话框

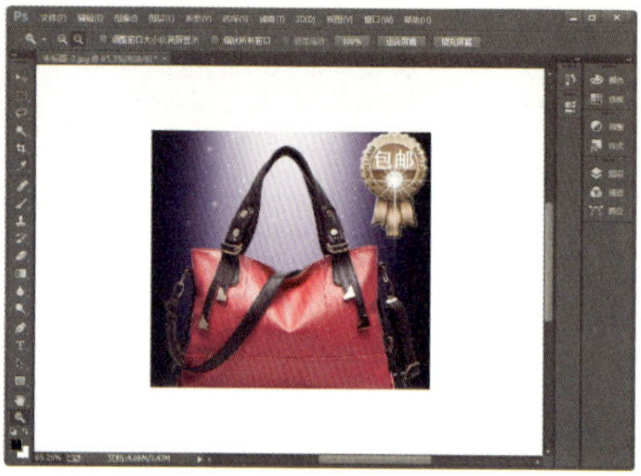
图 6–37 调整图像后

第 79 招 调整曝光不足的照片

通常由于技术、天气、时间等原因或条件所限，拍出来的照片有时会不尽如人意，最常见的问题就是曝光过度或者曝光不足。下面就向大家介绍如何在 Photoshop 中处理曝光不足的照片。具体操作步骤如下。

（1）启动 Photoshop CC 软件，打开一张曝光不足照片，如图 6–38 所示。

图 6–38 打开照片

（2）选择“图像”|“调整”|“曝光度”命令，弹出“曝光度”对话框，如图 6–39 所示。

（3）在该对话框中设置相应的参数，单击“确定”按钮，即可调整曝光不足的图片，如图 6–40 所示。

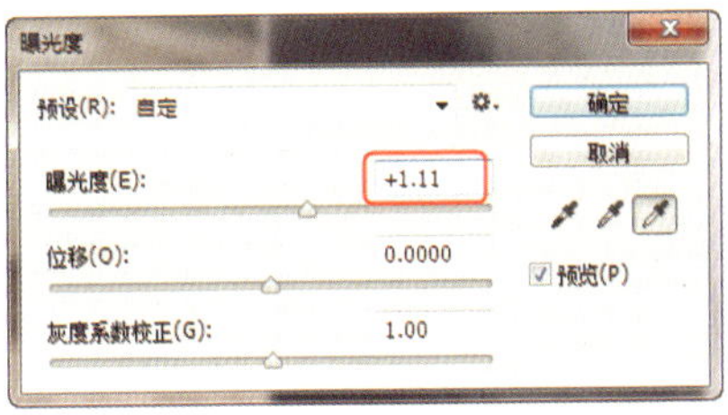

图 6-39　“曝光度”对话框

图 6-40　调整曝光不足的照片

第 80 招　调整曝光过度的照片

由于拍摄时光线太强烈或在拍摄时加入了太多的白色而看不清楚商品，这就是曝光过度。调整曝光过度的照片的具体操作步骤如下。

（1）打开一张曝光过度的照片，如图 6-41 所示。

图 6-41　打开曝光过度的照片

（2）在“图层”面板上将照片所在的背景图层拖动到底部的“创建新图层”按钮上，创建该图层的副本，如图 6-42 所示。

（3）将副本图层的混合模式设置为“正片叠底”，“不透明度”设置为 80%，可以看到照片的效果有了一定改善，如图 6-43 所示。

图 6-42 创建副本

图 6-43 设置后的照片效果

第 81 招 调整模糊的照片，让细节更明显

用数码相机或是手机拍照，难免会因为各种原因出现照片效果不如人意的情况，其中照片模糊是最常见的。使用 Photoshop 调整模糊照片的具体操作步骤如下。

（1）启动 Photoshop CC 软件，打开不清楚的照片，如图 6-44 所示。

（2）选择“图像”|“模式”|“Lab 颜色”命令，如图 6-45 所示。

图 6-44 打开照片

图 6-45 选择 Lab 颜色

（3）打开“图层”面板，在该面板中将背景层拖到“创建新图层”按钮上，复制背景图层，如图 6-46 所示。

（4）选择“滤镜”|“锐化”|“USM 锐化”命令，弹出“USM 锐化”对话框，如图 6–47 所示。

图 6–46　复制图层

图 6–47　“USM 锐化”对话框

（5）将图层模式设置为“柔光”，不透明度设置为 90%，如图 6–48 所示。

（6）如果还是不够清楚，还可以复制相应的图层，直到调整清楚为止，如图 6–49 所示。

图 6–48　调整图像模式

图 6–49　最终效果

第 82 招　轻松批量处理商品图片

在整理宝贝照片时，常常要同时做几十张，如果每一张都要打开，调整图像大小或者曲线后再保存，会花费很多时间和精力。下面就来详细讲述批处理商品图片的方法，具体操作步骤如下。

（1）启动 Photoshop CC 软件，打开需要编辑的图片，如图 6-50 所示。

（2）打开“动作”面板，单击右下角的创建新动作按钮，弹出“新建动作”对话框，如图 6-51 所示。

图 6-50　打开图片

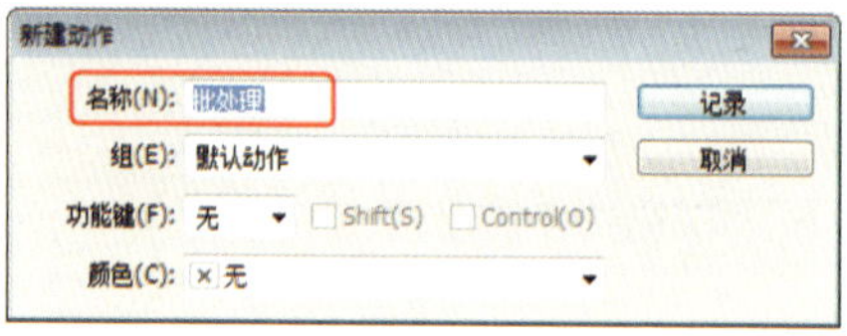

图 6-51　“新建动作”对话框

（3）在该对话框中将名称设置为“批处理”，单击“记录”按钮，即可新建动作，如图 6-52 所示。

（4）选择“图像”|“图像大小”命令，弹出“图像大小”对话框，在该对话框中将“宽度”设置为 300，如图 6-53 所示。

图 6-52　新建动作

图 6-53　“图像大小”对话框

（5）单击“确定”按钮，调整图像大小，如图 6–54 所示。

（6）保存完毕，返回到“动作”面板中，单击“停止播放 / 记录”按钮停止记录，动作就创建完成了，此时就可以关闭刚刚编辑的那张图片了，如图 6–55 所示。

图 6–54　调整图像大小

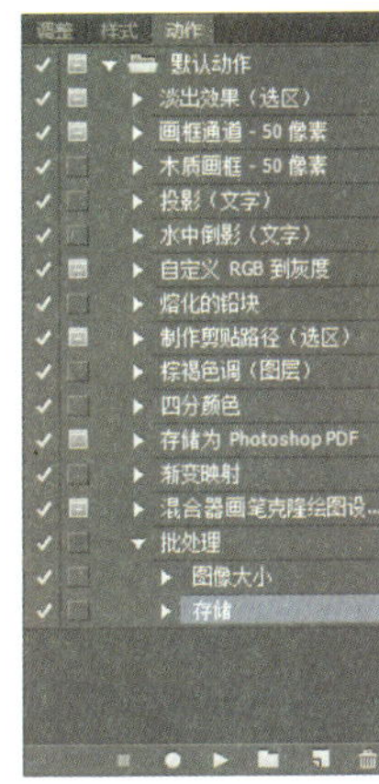

图 6–55　停止记录

（7）选择“文件”|“自动”|“批处理”命令，弹出“批处理”对话框，在该对话框中设置“源”文件夹的位置和“目标”文件夹的位置，如图 6–56 所示。

（8）单击“确定”按钮，即可对文件中所有图像的大小进行处理，如图 6–57 所示。

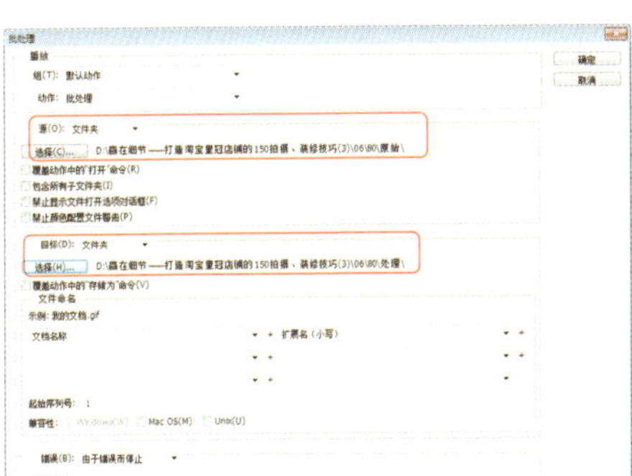

图 6–56　“批处理”对话框

图 6–57　改变图像大小

第 83 招　精美的淘宝海报设计

在制作海报时，要注意版式的选择、色彩的搭配和文案三个方面。如何设计出动人的淘宝海报，吸引买家的目光，从而激发他们的购买欲望呢?

1. 做好版式

通常来说，设计师平时都会有收集图片的习惯。图片不是简单地收集就行了，还要对图片进行分类和整理，多分析图片的版式，制作几种不同的通用排版方式。

（1）平行式排版

图片与文字横向平行排列。这种排版的文案要能高度概括活动的主题，但缺点是很呆板，缺乏变化，容易千篇一律，如图 6-58 所示。

图 6-58　平行式排版

（2）纵列式排版

纵列式排版的主标题是以纵向排列的方式呈现的。与平行式相比，纵列式的层次感和丰富度很强；但容易造成画面的比例失衡，头重脚轻。图 6-59 所示为纵列式排版。

（3）对称式排版

对称式排版能给人一种稳定、庄重、理性的感觉。对称分为“绝对对称”和“相对对称”，一般多采用相对对称的方式，以避免过于严谨，增加动感和观赏度，如图 6-60 所示。

图 6-59　纵列式排版

图 6-60　对称式排版

2. 用好配色

海报设计除了要有创意外，配色也是很重要的。每一种颜色都有其代表的含义和性格，因此，在设计海报时要根据目的的不同来选择颜色。例如，常用于促销的颜色有红色、黄色、橙色、紫色，这几种颜色能给人一种热情奔放、活力四射的感觉，能起到鼓动情绪的作用。图 6-61 所示为红色和黄色搭配的促销海报。

图 6-61　红色和黄色搭配的促销海报

3. 文案样式

俗话说："好图要配好文。"所以不能缺少充满营销话术的文案。要让活动促销信息突出，平时要多看多想，按节日、主题、活动、类目这几个方向收集相关文案。图 6-62 所示为比较好的文案。

图 6-62　比较好的文案

第 84 招　好的宝贝主图是引流的关键

买家在网站首页搜索自己想要的宝贝时，第一眼看到的是卖家的宝贝主图，这时主图的好坏就在很大程度上决定了顾客的点击率。一张好的宝贝主图不仅能够吸引买家的眼球，更能进一步把点击率转化为成交率，增大店铺的盈利额。

淘宝规定，主图的长宽大于或等于 800 像素就能提供放大图，所以在制作主图的时候最好把长宽的尺寸调到 800 像素以上。大部分消费者是很注重宝贝细节图的，有了细节放大图无疑增加了宝贝的吸引力。

在制作主图的时候还要注意图片的清晰度，注意突出宝贝的卖点。在选择主图背景的时候，最好选用较浅的颜色，用白色当背景能够很好地突出宝贝。当然，如果宝贝是首饰或者其他浅色调的商品，那么可以选用略深的颜色作背景。图 6-63 所示为用浅色背景突出商品。

宝贝主图除了突出宝贝的重点之外，还应该注意防止图片“牛皮癣”过多的现象。很多卖家为了让买家看到促销信息，在主图上加上了很多促销字眼，如“全国包邮”、“新品秒杀”、“显示折扣”等。不能否认，适当的促销字体确实更能吸引顾客的眼球，但是过多的“牛皮癣”不但不能抓住顾客的眼球，相反却会让消费者感到眼花缭乱，如图 6-64 所示。

图 6-63　白色背景

图 6-64　“牛皮癣”过多

第 7 章

热卖人气网店页面设计

为什么有的商店在短短的时间内销售量巨大？难道它们真的有与众不同的秘诀吗？通过分析这些热销网店的页面，我们发现这些页面无论采用何种设计方式，都处处彰显着店主的良苦用心。下面将通过一些范例的分析来与你分享页面的设计秘笈。

第 85 招　在标题中突出卖点的技巧

在网店经营中，如何能够吸引买家点击商品是一个比较重要的问题，这和你宝贝标题的编写密切相关。如果你的标题比较吸引人，那么买家点击的次数就会多，浏览的页面也会更多，必然会使买家的购买量增加的概率变大。

宝贝标题编写时最重要的就是要把商品最核心的卖点用精炼的语言表达出来。你可以列出四五个卖点，然后选择最重要的三个卖点，融入宝贝标题中。下面是在宝贝标题中突出卖点的一些技巧。

1. 标题应清晰准确

宝贝标题不能让人产生误解，应该清晰准确，让买家能够在一扫而过的时间内轻松读懂。

2. 标题的充分利用

淘宝规定宝贝的标题最长不能超过 60 个字节，也就是 30 个汉字。在组合理想的情况下，包含的关键字越多，被搜索到的概率就越大。

3. 价格信号

价格是每个买家关注的内容之一，也是最能直接刺激买家、形成购买行为的因素。所以，如果店里的宝贝具备一定的价格优势，或是正在进行优惠促销活动，如“特价”“清仓特卖”“仅售 ×× 元”“包邮”“买一赠一”等，完全可以用简短有力的词在标题中注明。

4. 进货渠道

如果店铺的商品是厂家直供或从国外直接购进的，可在标题中注明，以突出商品的独特性。

5. 售后服务

因在网上不能面对面交易，不能看到实物，许多买家对于某些宝贝不愿意选择网上购物，因此，如果能提供有特色的售后服务，例如“无条件换货”、“全国联保”

等，这些都可以标题中明确地注明。

6. 店铺高信誉度记录

如果店铺的信誉度较高，如皇冠、金冠级等，可以在宝贝标题中注明网店的信誉度，这些都会增强买家与卖家交易的信心。

7. 卖品超高的成交记录

如果店中某件商品的销量在一段时间内较高，可以在标题中注明“月销上千”“明星推荐”等文字。善用这些能够调动人情绪的词语，对店铺的生意是很有帮助的。这样会令买家在有购买意向时，极大地降低对该商品的后顾之忧。

8. 适当分割以利于阅读

如果 30 个字的标题一点都不分割，会使整个标题看上去一团糊涂，比如“全场包邮 2013 秋冬新款冬裙羊绒毛呢加厚短裙半身裙包臀裙子”，这么多字没有一个标点符号，完全不分割，虽然有利于增加被搜索到的概率，但是会让买家看得很辛苦甚至厌烦，所以，少量而必要的断句是应该的。最好使用空格符号或半角来分割标题，如“全场包邮！ 2013 秋冬新款冬裙 / 羊绒毛呢 / 加厚短裙 / 半身裙 / 包臀裙子”。

第 86 招　优化宝贝描述的技巧

顾客进来了，能否留住顾客，能否刺激顾客产生购买行为，将顾客变成买家，关键就在于对宝贝的描述。宝贝描述的好与坏，将直接影响到商品的销量。因此，宝贝描述页面是店铺营销的核心，重中之重。

在网上购物，影响买家是否购买的一个重要因素就是宝贝描述，很多卖家也会花费大量的心思在宝贝描述上。下面是撰写宝贝描述的步骤。

1. 用吸引人的开头，快速激发客户的兴趣

宝贝描述的开头是吸引买家注意力的关键，好的开头可以立刻唤起买家的兴趣，给他们一个非得继续看下去不可的感觉。

不管写什么样的产品描述，首先必须了解你的潜在客户的需求，了解他们在想什么，找到他们感兴趣的东西，看看怎么把你的产品与他们的兴趣联系在一起。

2. 做一个精美的宝贝描述模板

最好有一个精美的宝贝描述模板。宝贝描述模板可以自己设计，也可以在淘宝上购买，还可以从网上下载一些免费的宝贝描述模板。精美的模板除了让买家知道掌柜在用心经营店铺以外，还可以对宝贝起到衬托作用，促进商品的销售。如图7-1所示网上销售的宝贝描述模板。

图 7-1 网上销售的宝贝描述模板

3. 给顾客推动力，让对方尽快采取行动

当顾客已经产生了兴趣，但还在犹豫不决的时候，还需要给他一个推动力。不要让潜在的顾客有任何对你说“考虑考虑”的机会。可以在宝贝描述中设置免费的赠品，并且告诉他，赠送赠品的活动随时都有可能结束，让他尽快采取行动。

4. 通过建立信任，打消客户的疑虑

利用好买家的评价，并附加在描述里。放一些客户好评和聊天记录，以增加说服力。第三方的评价会让顾客觉得可信度更高，让买家说你好，其他的顾客才会相信你。

5. 拍摄好商品照片

在发布宝贝描述前还要拍摄、处理好商品照片。图片的好坏直接关系到交易的成败，一张好的商品图片能向买家传递很多东西，起码应该能反映出商品的类别、款式、颜色、材质等基本信息。在这个基础上，要求图片要拍得清晰、主题突出、颜色还原准确。图 7–2 所示为处理好的商品照片。

6. 突出卖点，给顾客一个购买的理由

找到并附加一些产品的卖点，加以放大。要挖掘并突出卖点，很多产品的细节与卖点是需要挖掘的。每个卖点都是增加对买家的说服力的砝码。你的宝贝描述能够吸引买家的卖点越多，就会越成功。图 7–3 所示为突出产品的卖点。

图 7–2　处理好的商品照片

图 7–3　突出产品的卖点

第 87 招　营造良好的热销氛围

设计页面时要充分展现商品的氛围，让顾客感受到舒适、温暖的气氛，这是设计的关键所在。要让顾客一看到商品页面就产生购买的欲望。

对于节假日而言，最重要的是要营造节日气氛，一定要让温馨直达消费者的心里。网店在整体设计时要突出节日气氛。网店的招牌、导航、促销区甚至商品描述模

板都有必要加入节日元素。例如，中国传统的礼花、鞭炮、灯笼等素材可以突出春节的氛围；月亮、月饼、玉兔等素材可以突出中秋节的氛围。图 7–4 所示为在页面设计上突出中秋的气氛。

图 7–4 页面设计突出中秋的气氛

这个页面通过各种渠道让消费者了解到店铺正在搞促销，给整个网店营造了一个火热的促销氛围。可以在促销区、左侧导航条上加上“促销”字样，把具体的优惠措施也加上就最好不过了。对于旺铺而言，招牌、左侧导航、促销信息在每个宝贝的页面都可以显示出来。要充分利用这些区域，营造一个很好的促销氛围。

第 88 招 细节决定成败

即使是同一件商品，由于颜色和尺寸的不同，人们的感觉也常会有很大的差异。对于顾客想要了解的内容，不要一带而过，而是应认真、详细、如实地介绍给顾客。只有这样，顾客才会毫不犹豫地购买。图 7–5 中的商品展示中，使用多幅图片详细地展示了商品的不同部位。

图 7-5　使用多幅图片详细展示商品的不同部位

很多新手卖家都不注重细节图的拍摄，甚至在页面上就没有细节图，这样是很难让买家信任的。所以，为了店铺的生意，细节图的拍摄一定不能少。

我们买衣服的时候有个习惯：先看外观，再看厚薄，翻开衣服看看里面，然后试穿一下，看是否合身，整体效果如何。所以，拍摄细节也可以按照这个顺序来进行，从上到下，从左到右，从前到后，从里到外。这里以一款马夹为例，实拍一下，仅仅是为了说明问题。

从上到下可以分别拍：帽子、领子、主标、前门、拉链、上口袋、下口袋、绣花、印花。

从左到右可以分别拍：袖口、袖肥、肩缝、肩领接缝、后背拼段。

从前到后可以分别拍：正面大图、反面大图。

从里到外可以分别拍：衣服里料、填充物、洗水标、吊牌、里侧口袋、防风挡板等。

如果要体现面料的厚实感，可平着拍，再拍些局部小细节小部件。

如果有条件的话，可以用毛绒玩具或其他小玩意当道具，拍出一些童趣。

我们做不到尽善尽美，但是我们可以尽力而为。既然选择做淘宝，就要发挥这个平台的优势，让你的宝贝图片亮丽而且丰富，给买家一个实实在在的感觉。

第 89 招　从买家的视角设计

如果想在淘宝上面获得更多的订单，就必须百分百地从买家的角度去思考。如果你是买家，你希望看到什么样的产品图片和详细描述？对这些内容和图片细细斟酌，买家会更有兴趣来购买。如果让专业买家一眼就看出图片和描述的不一致，至少他会认为这是一家不专业、不严肃或是不负责任的店铺，购买的概率几乎为零。

在确定了商品所针对的客户群后，就要迎合买家的眼光。在设计中要使用买家认同的语气、买家喜好的颜色、买家崇拜的模特、买家追求的商品等。与买家的距离越近，就越能制作出成功的商品页面。图 7–6 所示为童装网店的页面。

图 7–6　从买家的视角设计

童装销售的主要目标是小孩的母亲，所以设计的重点在于先考虑母亲希望给孩子穿什么样的衣服，然后再确定设计理念。让页面激起母亲对儿时的怀念。商家不仅要在商品上被母亲认同，还要为顾客搭建一个共有的空间。注意要在商品介绍和文字中使用儿童的语气。

第 90 招　页面要生动有趣

与短页面相比，长页面虽然可以显示更多的商品，但是长页面容易使人感到厌倦，所以商品页面的设计必须使顾客在购物过程中保持新鲜感。从结构上要展示商品与搭配商品的各种照片，不断与顾客交流。应使用顾客喜欢的语言展示顾客想看的图片，使顾客愉快地下拉滚动条。

图 7-7 中的页面虽然比较长，包括了上百张商品图片，但是顾客在浏览页面的过程中却没有感到一点厌倦。生动的照片、亲切的文字、自由的版式设计，营造出轻松愉快的氛围。

图 7-7　页面生动有趣

第 91 招　引导顾客购买搭配的商品

大家都会有这样的购物经历：购买了一件商品后，还需要找到和这件商品搭配的附属商品，比如买件衣服还想买条搭配的裤子。然而去逐个搜索，既浪费时间，还不能省钱。现在，购买搭配套餐组合商品，能帮助买家一次解决问题，省事，省时，省钱。

搭配套餐就是卖家把几个相关的商品搭配组合成套餐，例如护肤品组合、服装搭配购、数码套餐等。买家购物时可以灵活选择套餐中的任意几个商品购买，套餐的总价低于原商品一口价的总和。

页面中应该陈列商家销售的其他商品，使顾客在该页面停留更长的时间。即使顾客对当前所浏览的商品不满意，在看到同一商家销售的其他商品后，也许会产生购买的欲望。另外，即使顾客已经决定购买现在所浏览的商品，在浏览其他搭配商品的同时，也会产生再购买一两种商品的打算。图 7-8 所示是一个搭配组合销售的例子。

图 7-8　搭配其他商品

第 92 招　在商品图中说明商品的实际尺寸

在淘宝网上，我们经常看到很多服装类卖家用真人模特进行拍摄，这种拍摄方式能够更好地展示商品的线条和样式，甚至商品的质感；还能通过图片让顾客了解到商品的实际尺寸。挑选模特的时候要注意尽量选择适合衣服气质的模特，不能随便找来一个人穿上所有上架的宝贝，那样难免会影响部分服装的整体效果。

在表现商品的尺寸时，虽然标明准确的数值也很重要，但最好同时展示更为直观的商品照片。所以在服装网店页面中，在标明模特身材与商品尺寸的同时，也要展示模特穿上商品后的照片。如图 7–9 所示为商品搭配模特，买家可以从中了解商品的实际尺寸。

图 7–9　商品搭配模特

第 93 招　商品信息介绍要准确详细

在网上做买卖，最重要的是如何把自己的商品信息准确地传递给买家。图片传递给买家的只是商品的形状和颜色的信息，而对于性能、材料、产地、售后服务等，必须通过文字的描述来说明。在网上购物，影响买家是否购买的一个重要因素就是商品描述。在撰写商品描述信息时注意如下几个方面。

- 首先要向供货商索要详细的商品信息。商品图片不能反映的信息包括材料、产地、售后服务、生产厂家、商品的性能等。对于相对于同类产品有优势和特色的信息一定要详细地描述出来，这本身也是产品的卖点。
- 商品的描述一定要准确周详，能够全面概括商品的内容、相关属性，最好能够介绍一些使用方法和注意事项，更加贴心地为买家考虑。
- 为了直观性，商品描述应该使用文字 + 图像 + 表格三种形式的结合来描述，这样买家看时会更加直观，增加了购买的可能性。
- 参考同行网店。可以去皇冠店转转，看看他们的商品描述是怎么写的。特别要重视同行中做得好的网店。

- 在商品描述中也可以添加相关推荐商品，如本店热销商品、特价商品等，让买家更多地接触店铺的商品，增强商品的宣传力度。
- 在商品描述中要注意服务意识和规避纠纷，对于一些买家都很关心的问题，以及有关商品问题的介绍和解释等都要有。

图 7-10 中的页面中有详细的商品介绍信息。

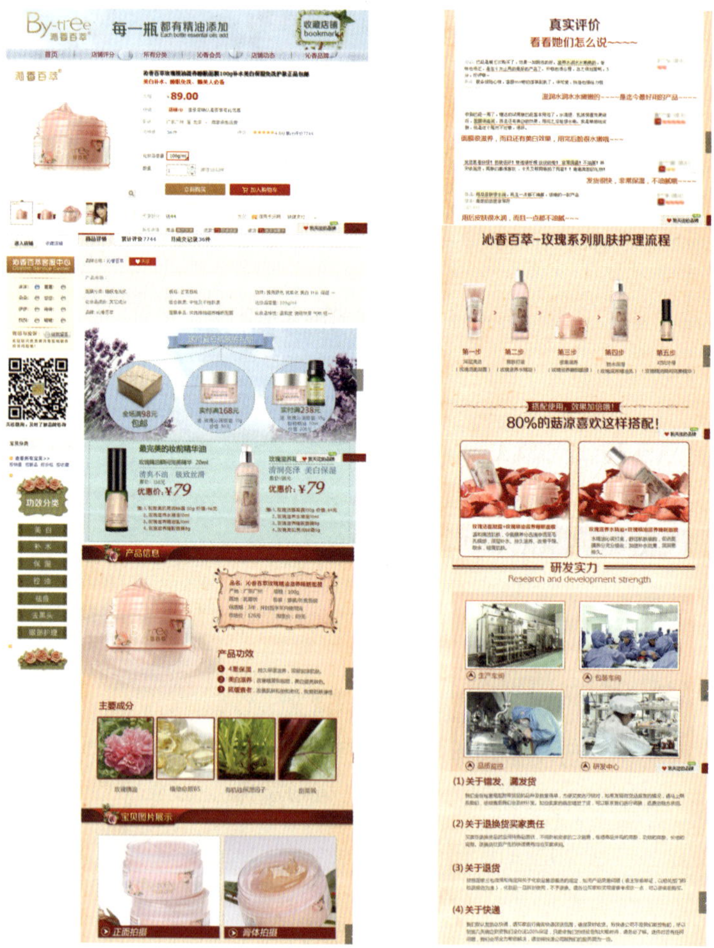

图 7-10　页面中有详细的商品介绍信息

第 94 招　购买者的评价

淘宝网会员在使用支付宝服务成功完成每一笔交易后，双方均有权对对方交易的情况作一个评价，这个评价也称之为信用评价。对于看得见摸不着的网购商品，网购评论的重要性是毋庸置疑的。网购评论是影响后续买家下单的决定性因素之一。已经购买了商品的顾客的评论，可以对正在犹豫是否购买商品的顾客起到决定性作用，因为商家提供的商品信息宣传性太强，而顾客留下的评论却比较真实。图 7–11 所示为页面中添加了以往的买家评价图片。在顾客初次选购商品时，没有任何信息比得上买家使用后的评论。

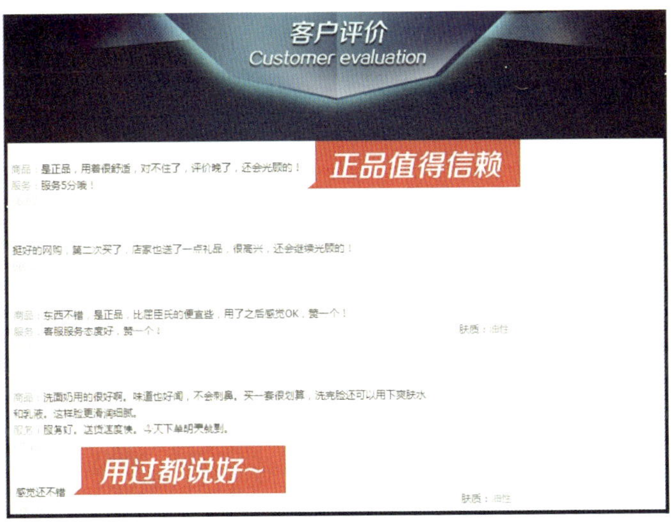

图 7–11　买家评价图片

第 95 招　相关证书资质介绍

如果是功能性商品，需要展示能够证明自己技术实力的资料，提供能够证明不是虚假广告的文件，或者如实展示人们所关心的商品的制作过程，这些都可以增加可信度。如果曾被电视、报纸等新闻媒体报道过，那么收集这些资料展示给顾客也是一种很好方法。图 7–12 所示为页面中展示了商品的相关证书和证明资料。

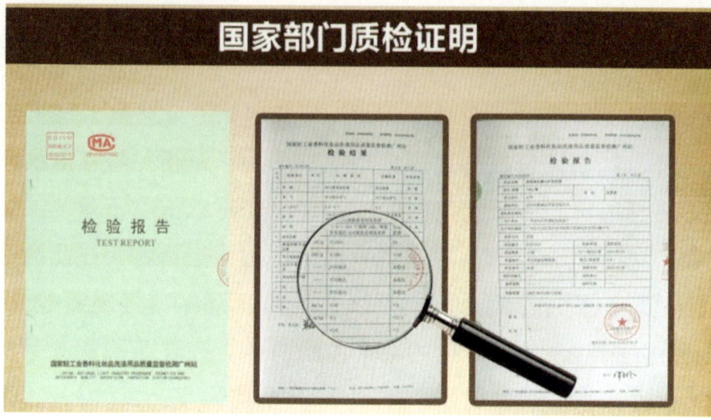

图 7-12 页面中展示了商品的相关证书和证明资料

第 96 招 文字要清晰易读

文字的根本用途是传达信息，若要准确快捷地传达信息，就需要很强的可读性。提高文字可读性的方法很简单，文字越大则越醒目。标题或重要文字需要使用大字号，使其醒目。文字颜色要使用醒目的颜色，以提高可读性。如果内容较多，则需要留出足够的空白以分段。图 7-13 所示为用表格提供信息，更加一目了然。

产品	测评项目	水动力	他牌
洁面乳	清洁度	温和无刺激，干净不紧绷	泡沫散乱不细腻，刺激皮肤
眼 霜	保湿度	眼圈有明显滋润感，明显改善眼袋、黑眼圈	延展性不好，用后细纹现象无明显改善
爽肤水	吸收度	清爽乳白色的质地，可快速渗透肌底	厚重难吸收，油腻不清爽
精 华	水润度	2倍普通精华水润度	普通精华水润度低
乳 液	锁水度	持久保湿24小时	涂抹后30分钟后水分值降低大
面 霜	质 地	水感啫喱质地，易吸收不油腻	多余油脂堵塞毛孔，引起毛孔粗大问题

测评总结：
水动力澎湃保湿6件套，补水效果卓越，质地易吸收，成套使用效果突出。
补水效果：★★★★★　保湿时长：★★★★☆
后续保养力：★★★★☆　温和安全：★★★★★

图 7-13 页面中用表格提供信息

第 97 招　网店页面优化的窍门

为了让卖家设计时能更容易上手，下面介绍网店页面优化的窍门。

1. 配色不要超过 5 种

一个配色好的页面，首先吸引人的就是它良好的颜色搭配，然后才会让人注意内容。一些店铺主色、辅色等颜色总共加起来有 10 多个，颜色太多，太杂，就显得店铺整体太乱，没有章法。目前网上非常流行一句话就是页面的搭配不要超过 5 种主要颜色，否则就有杂乱之感。

图 7-14 中因为店铺的定位是一个男装店铺，主要采用了黑色，土黄色用在某一处突出的地方，作为醒目点用。

图 7-14　色彩不超过 5 种

在做色彩选择时，除了要掌握传统的配色方法外，建议多观察流行方向。毕竟，每年的流行颜色都在变。如果能够抓住流行色彩，合理运用在店铺里，那么以色出彩，指日可待。

2. 广告图效果

做好店铺设计，还离不开广告图的制作，现在基本上每一个店铺都有广告图。在广告图的制作中，首先应该考虑的问题是色彩选择及字体选择。

下面的广告图，把我们所提到的配色、字体等问题都运用到了。另外，卖家们要再注意一下留白、配图位置、文案排版等细节，基本上一张常规的广告图效果就出来了，如图 7-15 所示。

图 7-15 广告图

第 98 招 网店的色调与风格

网店风格是指网店界面给买家的直观感受，买家在浏览的过程中所感受到的店主品味、艺术气氛等。在经营网店的过程中，应该让网店的格调最大限度地符合大众的审美观念，赢得顾客的普遍好评。

装修店铺首先要确定店铺的主题，以此来定位商品特色和店铺装修的风格。然后，要根据店铺商品的特色进行素材的搜集、图片的处理，以及店铺招牌、促销区、分类导航区的设计，这样一步一步地就可以完成整个店铺的装修了。

风格定位不在乎元素的数量和功能，更看中元素表达形式的一种页面定位方法。风格定位比较适合需要有美感、有心灵共鸣就可以产生欲望和成交的商品。实现风格定位有一定的难度，稍有不慎就会适得其反，相对来说风格定位只适合一小部分有感觉、有想法、有设计能力的卖家。

第 99 招　新手装修店铺的误区

在网上可以看到很多卖家的店铺装修得非常漂亮，有些卖家甚至找专业人士“装修”店铺。面对形形色色的店铺装修行动，稍不留神就会走入店铺装修的误区。下面介绍网店装修过程中常见的误区。

（1）图片过多过大，影响浏览速度

在有些店铺的首页中，店标、公告及栏目分类等，全部都使用图片，而且这些图片非常大。图片虽然多了，店铺一般会更美观，可是却使买家浏览的速度变得非常慢，店铺的栏目半天都看不到，或者重要的公告也看不到，那还有什么效果?

（2）栏目分类太多，不利于查找

这也是一个非常大的误区。有些店铺的商品分类达上百个，也许你会说店铺的东西多，必须这样分类。但是你要知道，分类是为了让买家一目了然地找到他需要的东西，分类这么多，一屏都显示不完，谁会愿意去仔细找你的分类?

（3）店铺名称过于简洁，买家搜索不到

有的掌柜相信简单就是美，店名取得很简洁，就几个字。殊不知，对于店铺名称，30 个字的编辑限度是很重要的，比如做话费充值的，起的名字是“话费点点充”，可是买家在搜索店铺的时候，使用关键词“充值”、“话费充值”进行搜索，都找不到你的店铺。

（4）存放图片的空间速度太慢

去测试一下你存放图片的空间服务器速度是否正常，并且服务器是否有区域限制。很多服务器在不同的 ISP 提供商的情况下，访问速度是完全不同的，甚至会出现打不开的现象，那么店铺的公告、分类，别人也许就看不到。如果产品介绍里的图片或产品介绍模板页面也看不到的话，那就惨了。

（5）宝贝名字过长

将宝贝名字、分类名字取得很长，这样做的好处是被搜索到关键词的可能性增大，但太长的宝贝名字将无法在列表中完整显示。还有些掌柜为了引起买家的注意，在名字中加上一长串其他符号，但真正的买家不会过于关心这些。把宝贝的特性、范围等表述清楚，再加入适当的广告词，就可以了。

（6）动画过多

将店铺布置得像动画片一样闪闪发光，能闪的地方都让它闪起来：店标、公告、宝贝分类，甚至宝贝的图片、浮动图片。动画固然可以吸引人的视线，但是使用过多的动画会占用大量的宽带空间，使网页下载速度更慢。而且使用这么多的动画，浏览者看起来会很累，也突出不了重点。

（7）背景音乐不讨喜

很多店铺都使用过背景音乐，背景音乐基本上都是 MP3 格式的，大小一般都在几兆左右，虽然现在都使用宽带了，但是有些加载起来速度还是很慢的，这是其一。另外，现在很多网友都习惯听着自己喜欢的音乐来浏览网页，你的背景音乐会干扰他们听喜欢的音乐，从而使买家甚至还没有等你的网页完全打开就关闭了，这是其二。还有就是有的背景音乐是在浏览宝贝的时候重复播放的，这一点相信很多人都会感到厌烦。

看来加背景音乐是没有一点可取之处了。其实也未必，比如加个开门的音效，或者发出“欢迎光临”的语音，就是挺别致的做法。音效文件都非常小，对速度的影响可以忽略，而且设置为只放一遍，就不会造成不好的影响。

（8）店铺装修的色彩搭配不当

有些卖家把店铺的色彩搞得鲜艳华丽，把界面做得五彩缤纷。色彩总的应用原则应该是“总体协调，局部对比”，也就是网店页面的整体色彩效果应该是和谐的，只有局部的、小范围的地方可以有一些强烈色彩的对比。在色彩的运用上，可以根据网店的需要，分别采用不同的主色调。店铺的产品风格、图片的基本色调和公告的字体颜色最好与店铺的整体风格对应，这样出来的整体效果和谐统一，不会让人感觉很乱。

（9）页面设计过于复杂

旺铺装修切忌繁杂，不要把旺铺设计成门户类网站。虽然把旺铺做成大网站看上去很有气势，使人感觉店铺很有实力，但却影响了买家的使用，他要在这么繁杂的一个店铺里找到自己想要的商品，不看得眼花才怪呢！所以说，不是所有可装修的地方都要装修或者必须装修，个别地方不装修效果反而更好。总之一句话，要让买家进你的店铺以后能够较便利地找到自己所要购买的商品，能够快捷地看清商品的详情。

第 100 招 网店审美的通用原则

网店页面设计既是一项技术性工作，又是一项艺术性很强的工作，因此，设计者在装修网店时除了要考虑网店本身的特点外，还要遵循一定的艺术规律，从而设计出色彩鲜明、风格独特的网店。网站装修须遵循的审美三原则如下。

（1）特色鲜明

一个网店的用色必须要有自己独特的风格，这样才能显得个性鲜明，给浏览者留下深刻的印象。

（2）搭配合理

网店页面设计虽然属于平面设计的范畴，又与其他平面设计不同。它在遵从艺术规律的同时，还要考虑人的生理特点。色彩搭配一定要合理，给人一种和谐、愉快的感觉，避免采用纯度很高的单一色彩，否则容易造成视觉疲劳。

（3）讲究艺术性

网店装修设计也是一种艺术活动，因此它必须遵循艺术规律，在考虑到网店本身特点的同时，要按照内容决定形式的原则，大胆进行艺术创新，从而设计出既符合网店要求，又有一定艺术特色的网店。

第101招 网店各元素的布局

在一个完整的旺铺中，通常包括的元素有：店招、促销栏（公告、推荐）、宝贝分类导航、宝贝展示区、宝贝描述、计数器、欢迎欢送图片、联系方式等。

（1）店招

顾名思义，它是一个店铺的招牌。对于网店的店招来说，必须放在店铺的最上方，用来说明经营项目，是招揽顾客的牌子。

店招中首先应说明店铺是经营什么的，有什么特色使得顾客必须在这里停留，还要注意大小，不能做短了，否则会显得既不专业又不协调。

（2）公告栏

店铺公告栏是每家店铺必备的栏目，是用来向买家展示自己店铺里的新品、新优惠政策的绝佳平台，同时也是买家获取店铺信息的重要渠道。

（3）促销栏

促销栏的宽度一般是750像素左右，高度没有限制，这里比店招有着更重要的广告价值。促销栏通常是越大越好，但高度不能太高，其中的内容要有动感，给顾客一种像在看电视的感觉，内容也不要过于单一。动态的内容最好置于整个促销栏的左上方，因为这里处在顾客视野的正中央，最容易引起注意。

（4）宝贝分类导航

这也是每个店铺都有的。在建立目录的时候也应该遵循一些原则，比如说按字母顺序来罗列产品分类，并在顶上加以注解，这样就会更人性化，节省顾客搜寻所需宝贝的时间。

店铺类目的装修是重中之重。在店铺类目中，不仅可以很方便地用各种图片来展示商品分类，还可以通过图片及图片上的文字来表达想要表达的任何内容（例如：欢迎光临、营业时间等）。好的店铺类目装修可以很好地配合店铺装修并凸显卖家个性。

店铺分类的颜色、图案和文字最好与店招有一定的呼应，这样在整体上会有一种连续性和协调感。一般情况下，在分类的最下边还会加上联系方式、营业时间、计数器的图片等。

（5）宝贝描述

该内容是在买家对产品有兴趣之后，点击进去所看到的页面，这里对于大家来说可操作的内容是最多的，需要注意的就是要使描述具有层次性，条理清楚，各个部分尽量独立开来，图片不能太多太大，因为买家的机器可能会比较慢，如果你的内容长时间没有显示出来，买家会很自然地就把这个网页关闭了。

（6）计数器

计数器不是必备的，但是，有了它，卖家能够更好地揣摩买家的心思。如果你的店铺人气很高，买家看到他中意的东西人气这么旺，会认为宝贝是保质保量的，售后服务应该也不会差，这非常有利于成交。

通常在这些地方都可以添加计数器：一是在公告栏里，二是在产品的分类导航栏里，三是在描述模板里。

（7）联系方式

对于旺铺，联系方式最好放在促销模板的右下角，因为人们通常习惯把署名、联系方式、日期等放在右下角。在描述模板的顶端或底端也可以添加联系方式，对于普通店铺来说，联系方式也可以放在公告栏或者分类的顶端。

第 102 招　利用装修提高转化率

通常，当买家采用类目或关键词搜索时，点击进入的都是商品详情页面，当买家在平台活动或广告位上发现商家信息时，点击进入的就会是活动页面或者店铺首页。

当潜在买家在点击进入某个目标商品页面后，被页面里的产品介绍、细节呈现、价值论证、品牌背书等视觉化的促销设计说服，进而转入客服咨询或下单购买环节的转化比率就叫页面转化率。如果商家的页面无法满足买家的购物需求，就会出现两种可能，一是跳失离店，二是跳转到店铺的其他页面，重新寻找新的目标商品，所以，商品详情页面是最容易产生直接转化的页面，也是商家视觉优化的重点。

1. 商品详情页面

商品详情页面优化时注意如下事项。

（1）整体设计

风格统一、色调和谐、图片大小一致、文字规范不仅是给访问者留下好恶感的第一印象，也在一定程度上体现了店铺的实力和美工的设计功底。

（2）说服逻辑

既然商品详情页是一个通过产品价值论证来说服买家的过程，那么，建立说服逻辑就是页面优化成败的关键。不同的品类侧重点不同，不同的消费群体关注点也不同，我们在确定了页面逻辑的大框架以后，可以根据具体情况来增减内容和调整顺序。

（3）关联推荐

合理的设置关联商品可以有效地提高转化率和客单价，所以，一定要先想明白“放什么”“放多少”“放哪里”这 3 个问题，还要搭配相应的促销策略才能达到预期效果，随意推荐只会适得其反。

2. 店铺首页优化

店铺首页不仅体现着消费定位和商家实力，同时还承载着分流和导流的重要作用，不同的客户群其关注点也不同，因此，前三屏的设计显得尤为重要。我们把客户大致分为 4 种：新客户、老客户、有目标的客户和没有目标的客户。这 4 种客户通常都对优惠信息感兴趣，所以，店铺促销海报应该放在第一屏最醒目的位置，内容最好能包含促销主题和时限、原价、现价、立省多少等信息。图 7–16 所示为店铺首页第一屏促销信息。

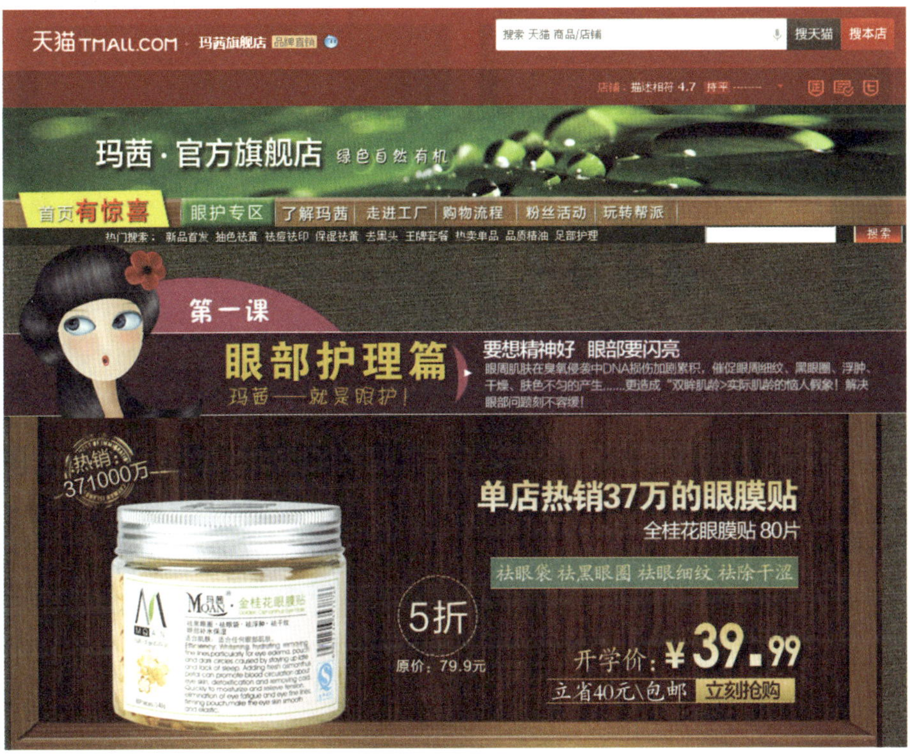

图 7–16　店铺首页第一屏促销信息

接下来，应该设置分类导航和热词搜索来进行分流，可以按照客户的消费诉求和搜索习惯来进行分类，比如按商品品类、功效、价格等来划分，以便新老客户都能最快地找到自己的消费目标。图 7–17 所示为首页导航分类。

在商品陈列时，可以在视觉设计上通过改变文字的大小、颜色、字体等方式来突出卖点，有针对性地向新老客户推荐店铺爆款。新客户通常比较关心热销程度，因此，针对此类客户的商品图片要突出呈现成交数量，而老客户往往更关心折扣力度，针对此类客户的商品图片应该突出呈现的是优惠价格。

图 7-17　首页导航分类

第 8 章

基本装修让店铺看起来赏心悦目

淘宝店铺申请开店成功后，第一件要做的事情就是装修店铺，设置店铺的店名、精美的店铺公告、漂亮的收藏图片、简约的分类、漂亮的背景图等。淘宝店铺的销售就是图片的销售，是否能够吸引顾客就看你的店铺装修与宝贝图片了。本章就来介绍店铺的基本装修知识。

第 103 招　给网店起个好名字

一定要为店铺起个好听好记有个性的名称，不要小瞧店铺名称，这是非常重要的，店铺名称的好坏能影响你的生意，给网店起名具体操作步骤如下。

（1）启动 IE 浏览器输入网址 https://login.taobao.com/member/login.jhtml，进入淘宝登录页面，输入用户名和密码，如图 8–1 所示。

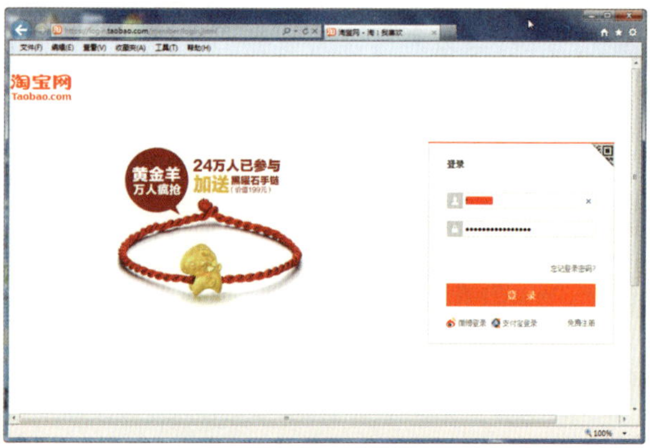

图 8–1　淘宝登录页面

（2）单击“登录”按钮，打开我的淘宝页面，单击右上角的导航“卖家中心”超链接，如图 8–2 所示。

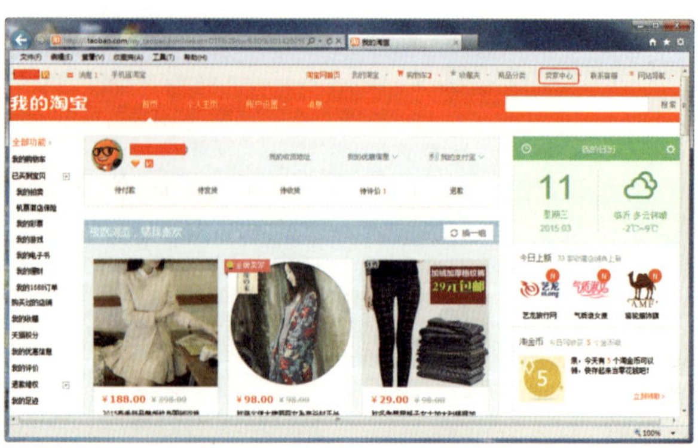

图 8–2　单击“卖家中心”

（3）进入淘宝卖家中心，将鼠标放置在店标图上，单击弹出的“设置店标”按钮，如图 8–3 所示。

（4）打开“店铺基本设置”页面，在“店铺名称”文本框中输入文本名称“美人街女装”，如图 8–4 所示。

图 8–3　单击“设置店标”按钮

图 8–4　输入店铺名称

（5）单击底部的“保存”按钮，即可成功更改店铺名称，如图 8–5 所示。

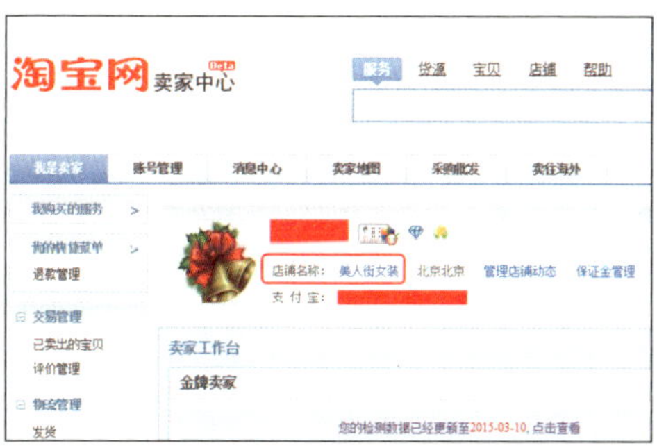

图 8–5　更改店铺名称

第 104 招　写好店铺公告

店铺公告是买家了解店铺的窗口，同时也是店铺的一个宣传窗口。通过店铺公告，可以让卖家迅速地了解店铺，同时也可以通过店铺公告宣传店铺产品，一举两得。所以，写好店铺公告对一个店铺而言就显得很重要。设置店铺公告具体操作步骤如下。

（1）登录淘宝，进入卖家中心，单击左侧的“店铺管理”|“店铺装修”超链接，如图 8–6 所示。

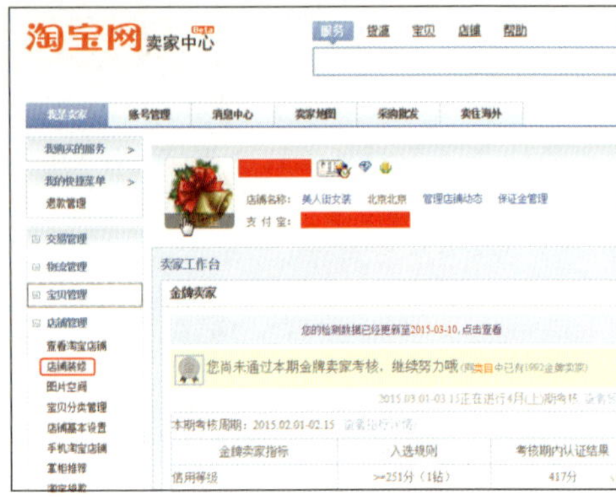

图 8–6　单击“店铺装修”超链接

（2）进入店铺装修页面，将光标放置在店铺公告上面，单击右边的“编辑”按钮，如图 8–7 所示。

（3）打开“店铺公告”设置页面，在文本框中输入公告文本，选中公告文本将字体设置为“隶属”，字体大小设置为 24，字体颜色设置为浅黄色，如图 8–8 所示。

图 8–7　单击“编辑”按钮

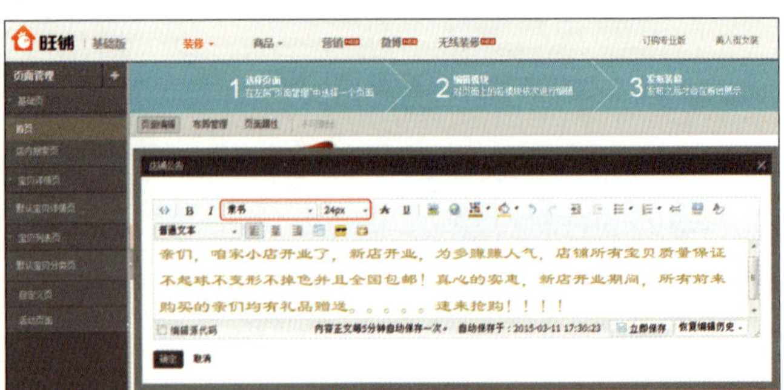

图 8–8　输入公告文本

（4）单击“确定”按钮，即可添加公告文本，单击右上角的“发布”按钮，如图 8–9 所示。

图 8–9　添加公告文本

（5）即可弹出“发布”提示框，如图 8–10 所示。

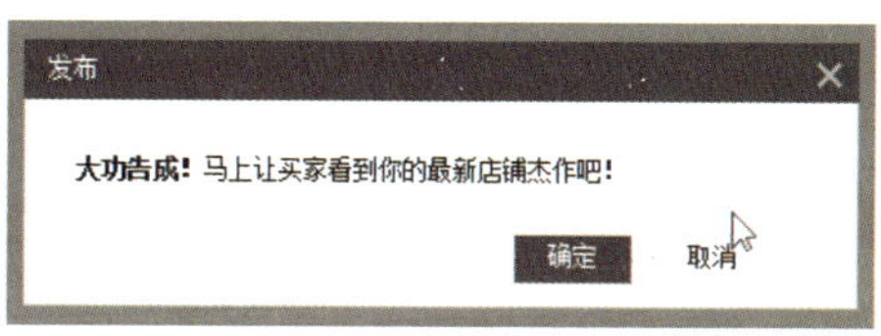

图 8–10　“发布”提示框

（6）单击“确定”按钮，即可成功发布店铺公告，预览店铺效果，如图 8–11 所示。

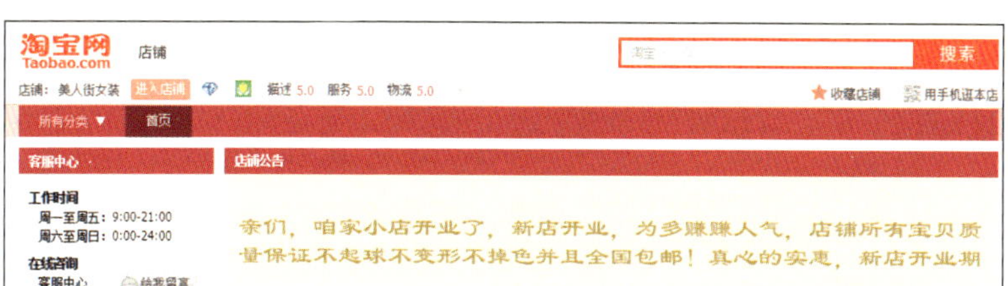

图 8–11　预览店铺效果

第 105 招　写好店铺介绍，赢得客户信任

一个好的淘宝店铺介绍，可以吸引买家。店铺介绍可以是简单的介绍，在别人查找店铺的时候可以展示出店铺介绍，具体操作步骤如下。

（1）登录淘宝，进入卖家中心，单击左侧的导航“店铺管理”|“店铺基本设置”超链接，如图 8-12 所示。

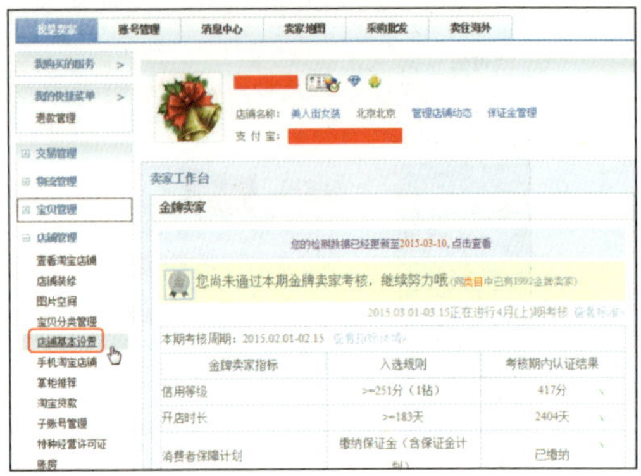

图 8-12　单击“店铺基本设置”超链接

（2）打开店铺基本设置页面，在店铺简介和店铺介绍中输入相应的文本，如图 8-13 所示。然后单击底部的“保存”按钮，即可成功保存店铺简介和店铺介绍文本。

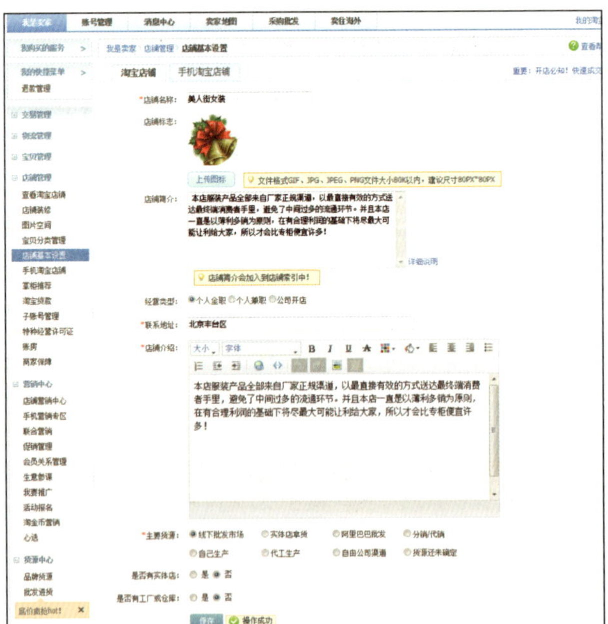

图 8-13　输入店铺简介

第 106 招　打造千牛动态头像引来高流量

如果给店铺制作一个动态的千牛头像更为醒目，更能吸引人。还可以放上店铺热销的宝贝图片，能起到宣传的效果，让买家不进店就能浏览到自己想要的东西，一举多得，具体操作步骤如下。

（1）启动千牛软件，输入用户名和密码，如图 8–14 所示。

图 8–14　打开图像

（2）单击“登录”按钮，进入千牛用户页面，如图 8–15 所示。

图 8–15　千牛用户页面

（3）单击左上角用户名超链接，弹出“我的资料”对话框，单击“修改头像”超链接，如图 8–16 所示。

（4）弹出“修改图像”对话框，单击“选择文件”按钮，如图 8–17 所示。

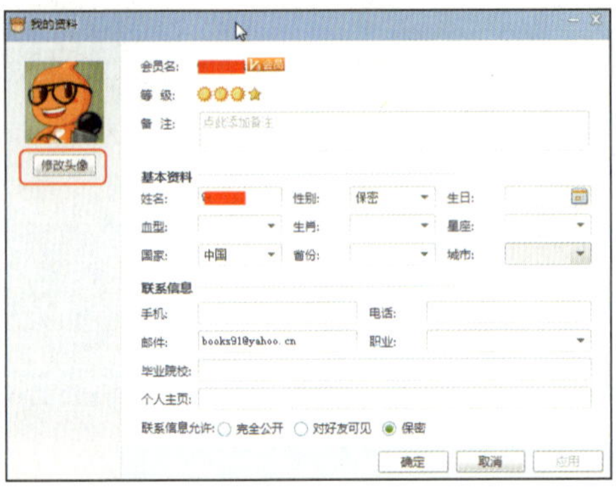

图 8–16　“修改头像”超链接

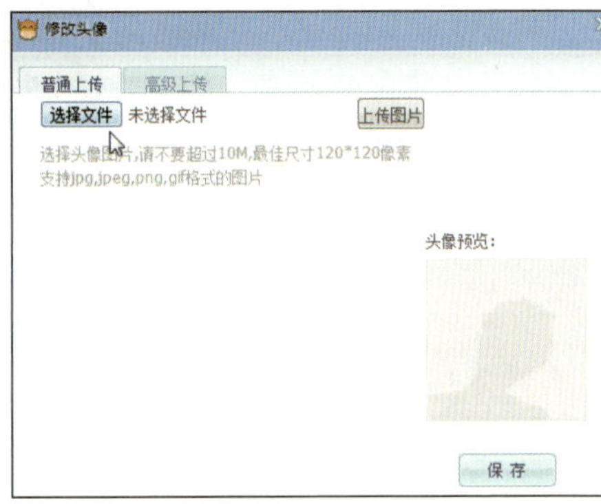

图 8–17　单击“选择文件”按钮

（5）弹出“打开”对话框，选择文件存储的文件夹位置，选择文件 wang.gif，如图 8–18 所示。

（6）单击“打开”按钮，选择图像文件，如图 8–19 所示。

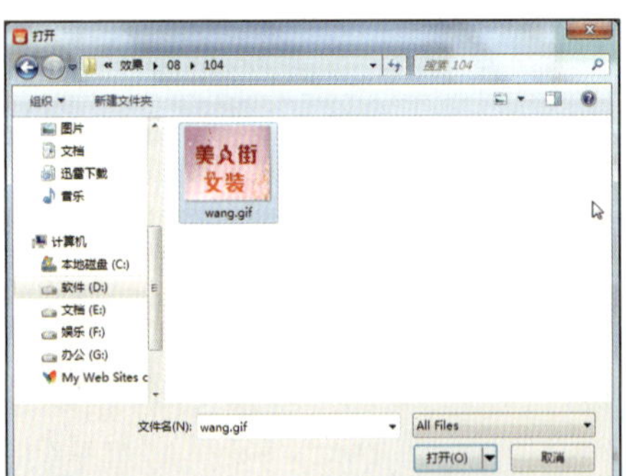

图 8–18　“打开”对话框

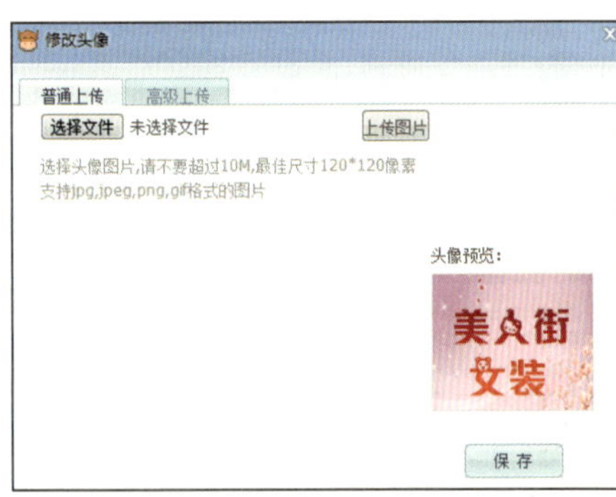

图 8–19　选择图像文件

（7）单击“保存”按钮，即可成功设置千牛动态图像，如图 8–20 所示。

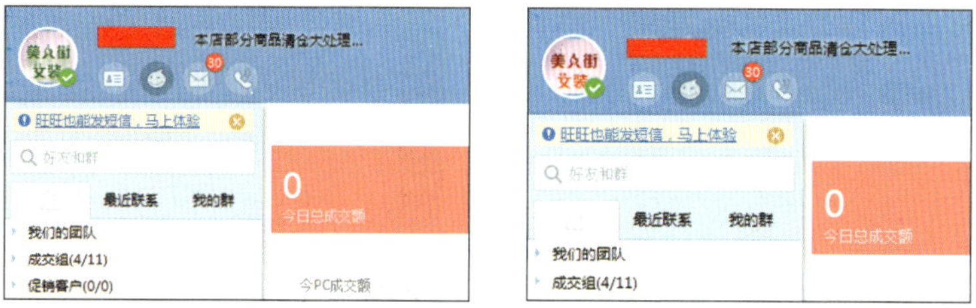

图 8-20　设置千牛动态图像

第 107 招　用 Photoshop 制作超炫背景

本节讲述利用 Photoshop 制作超炫背景，具体操作步骤如下。

（1）启动 Photoshop CC 软件，选择“文件”|“新建”命令，弹出“新建”对话框，将“宽度”设置为 800，“高度”设置为 600，如图 8-21 所示。

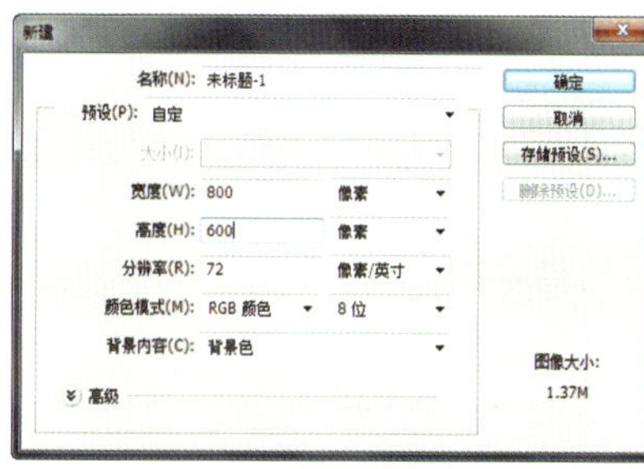

图 8-21　“新建”对话框

（2）单击“确定”按钮，新建空白文档，如图 8-22 所示。

（3）在工具箱中单击选择“渐变”工具，在选项栏中单击“点按可编辑渐变”按钮，弹出“渐变编辑器”对话框，设置渐变颜色，如图 8-23 所示。

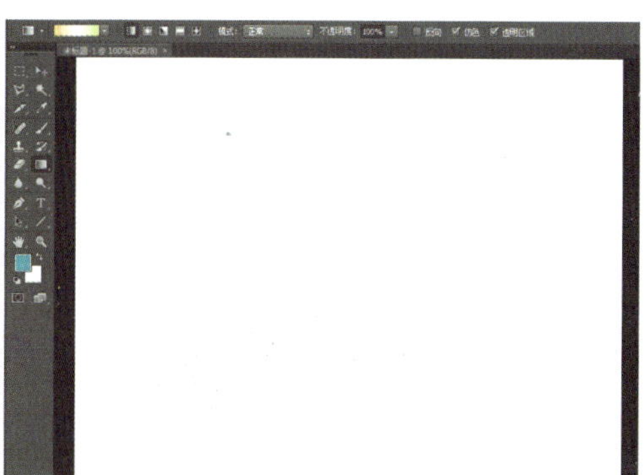

图 8-22　新建空白文档

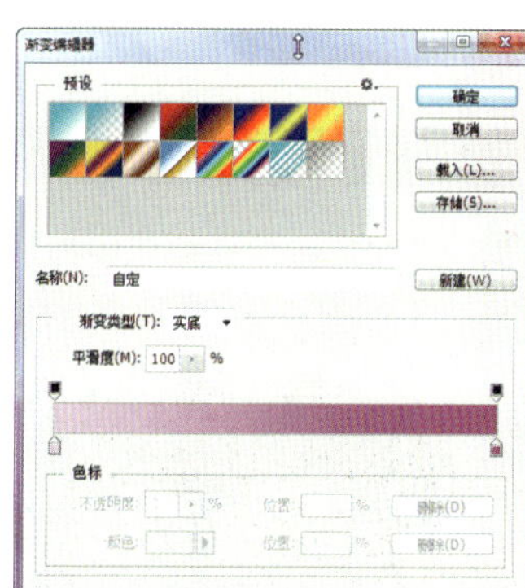

图 8-23　“渐变编辑器”对话框

（4）在舞台中从上向下拖动填充渐变，设置舞台背景，如图 8–24 所示。

（5）选择“文件”|“打开”命令，弹出“打开”对话框，选择图像文件 bg.jpg，如图 8–25 所示。

（6）单击“打开”按钮，打开图像文件。按 Ctrl+A 键全选图像，按 Ctrl+C 键复制图像，如图 8–26 所示。

图 8–24　设置舞台背景

图 8–25　“打开”对话框

图 8–26　复制图像

（7）返回到“未命名 –1”文档，新建图层 1，按 Ctrl+V 键粘贴图像，如图 8–27 所示。

（8）选择“图像”|“调整”|“去色”命令，对图像去色，如图 8–28 所示。

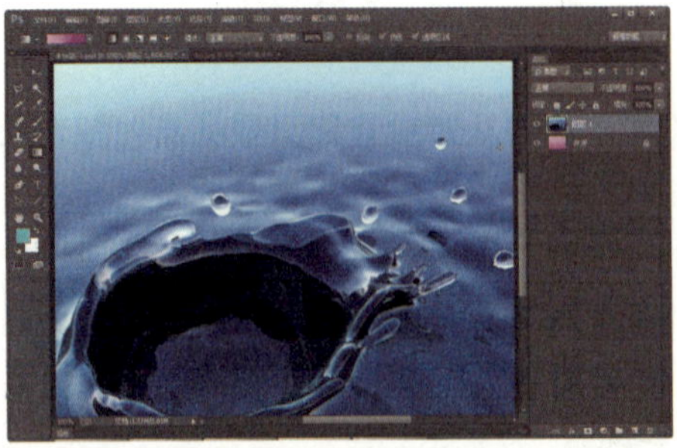

图 8–27　粘贴图像

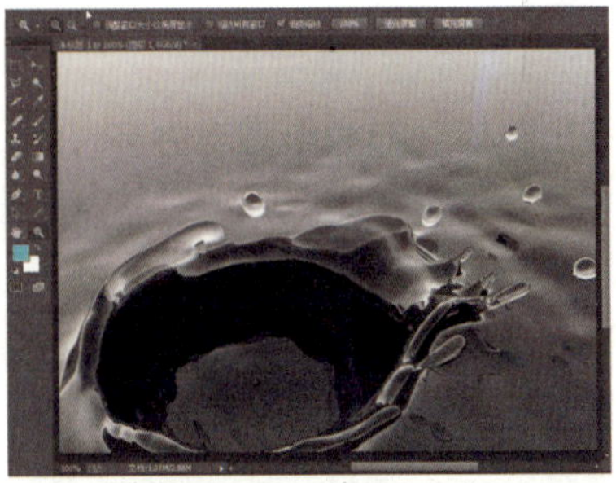

图 8–28　去色图像

（9）打开“图层”面板，设置为“叠加”，将“不透明度”设置为 80%，如图 8–29 所示。

（10）设置以后不透明度以后效果如图 8–30 所示。

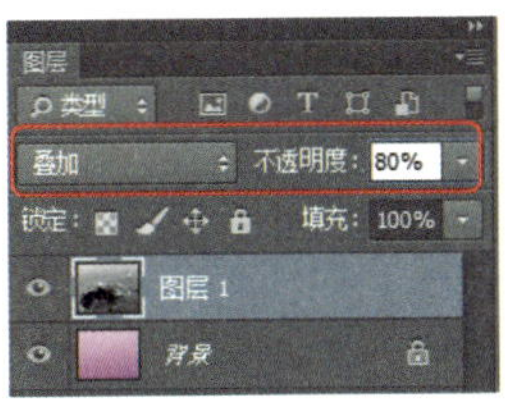

图 8–29　设置不透明度

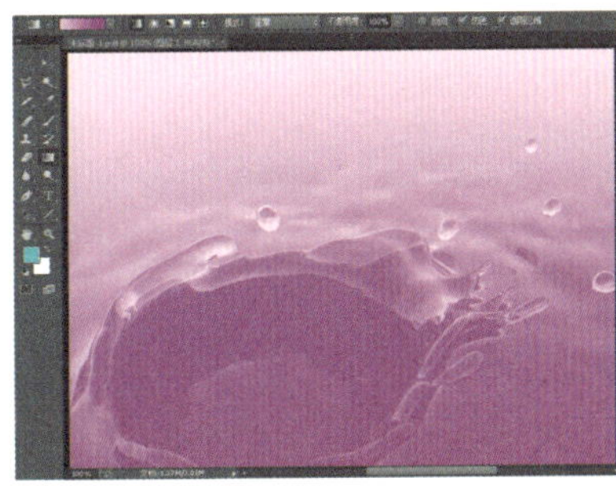

图 8–30　设置不透明度

（11）选择“滤镜”|“扭曲”|“波纹”命令，弹出“波纹”对话框，设置“数量”为 190，如图 8–31 所示。

（12）单击“确定”按钮，设置滤镜效果，如图 8–32 所示。

图 8–31　“波纹”对话框

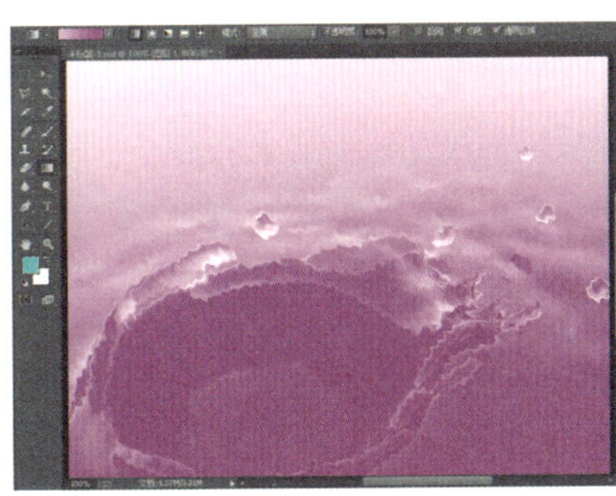

图 8–32　设置滤镜效果

第 108 招　店标设计的原则

店标是传达信息的一个重要手段，店标设计不仅仅是一般的图案设计，最重要的是要体现店铺的精神、商品的特征，甚至店主的经营理念等。一个好的店标设计，除了传达明确信息外，还能在方寸之间表现出深刻的精神内涵和艺术感染力，给人以静谧、柔和、饱满、和谐的感觉。

要做到这一点，在设计店标时需要遵循一定的设计原则和要求。

1. 富于个性，新颖独特

店标并非一个图案那么简单，它代表一个品牌，也代表一种艺术。所以店标的制作可以说是一种艺术创作，需要设计者从生活中、从店铺规划中捕捉创作的灵感。

店标是用来表达店铺的独特性质的，要让买家认清店铺的独特品质、风格和情感，因此，店标在设计上除了要讲究艺术性外，还需要讲究个性化，让店标与众不同、别出心裁。

设计个性独特店标的根本性原则就是要设计出可视性高的视觉形象，要善于使用夸张、重复、节奏、抽象和寓意的手法，使设计出来的店标达到易于识别、便于记忆的功效。店主在设计店标前，需要做好材料搜集和材料提炼的准备。如图 8-33 所示为具有个性的店标设计作品。

图 8-33 具有个性的店标

2. 简练明确，表达信息

店标是一种直接表达的视觉语言，要求产生瞬间效应，因此店标设计要求简练、明确、醒目。图案切忌复杂，也不宜过于含蓄，要做到近看精致巧妙，远看清晰醒目，从各个角度、各个方向上看都有较好的识别性。

另外，店标不仅仅是起视觉的作用，还表达了一定的含义，传达了明确的信息，给买家留下美好的、独特的印象。

3. 符合美学原理

店标设计要符合人们的审美观点，买家在观察一个店标的同时，也是一种审美的过程。在审美过程中，买家把视觉所感受的图形，用社会所公认的相对客观的标准进行评价、分析和比较，引起美感冲动。这种美的冲动会传入大脑而留下记忆。因此，店标设计就要形象并具有简练清晰的视觉效果和视觉冲击力。

店标的造型要素有点、线、面、体 4 类，设计者要借助这 4 种要素，通过掌握不同造型形式的相关规则，使所构成的图案具有独立于各种具体事物结构的美。

第 109 招　店标制作的基本方法

店标的设计是一项高度艺术化的创造活动，没有良好的艺术素养和设计技术的人无法制作出原创个性化并具有高价值的店标。淘宝店标按照其状态可以分为动态店标和静态店标。

1. 制作静态店标

一般来说，静态店标由文字、图像构成。其中有些店标用纯文字表示，有些店标用图像表示，也有一些既包含文字也包含图像。

如果自己有商品标志的卖家，可以将商标用数码相机拍下，然后用 Photoshop 软件处理，或通过扫描仪将商标扫描下来，再通过图像处理软件来编辑。

如有绘图基础的卖家，可以利用自己的绘图技能，先在稿纸上画好草图，然后用数码相机或使用扫描仪将图像输入计算机，再用图像处理软件进行绘制和填充颜色。

2. 制作动态店标

对于网店而言，动态店标就是将多个图像和文字效果构成 GIF 动画。制作这种动态店标，可以使用 GIF 制作工具完成，如 easy GIF Animator、Ulead GIF Animator 等软件都可以制作 GIF 动态图像。

设计前准备好背景图片及商品图片，然后考虑要添加什么文字，例如店铺名称或主打商品等，接着使用软件制作即可。如图 8–34 所示使用 Photoshop CC 制作 GIF 格式的店标。

图 8-34 使用 Photoshop CC 制作 GIF 格式的店标

第 110 招 静态店标的制作

本节讲述静态店标的制作，具体操作步骤如下。

（1）启动 Photoshop CC 新建一空白文档，选择工具箱中的“自定义形状”工具，如图 8-35 所示。

（2）在选项栏中单击“形状”右边的按钮，在弹出的下拉框中选择形状“装饰 1”，如图 8-36 所示。

图 8-35 选择“自定义形状”工具

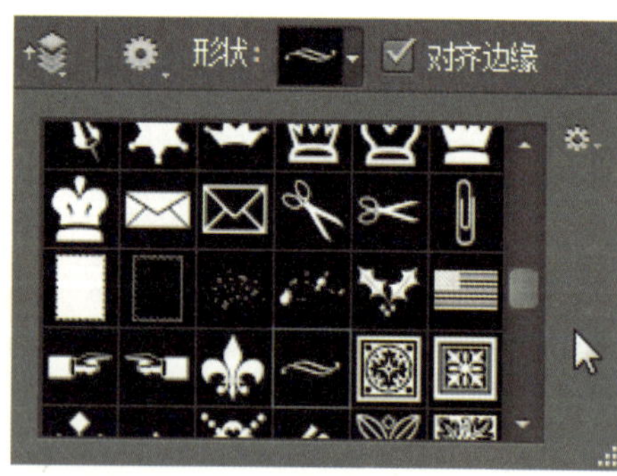

图 8-36 选择形状“装饰 1”

（3）在选项栏中单击“填充”按钮，在弹出的列表中框中设置渐变颜色，如图 8-37 所示。

（4）在舞台中按住鼠标左键绘制形状，如图 8-38 所示。

图 8-37　设置渐变颜色

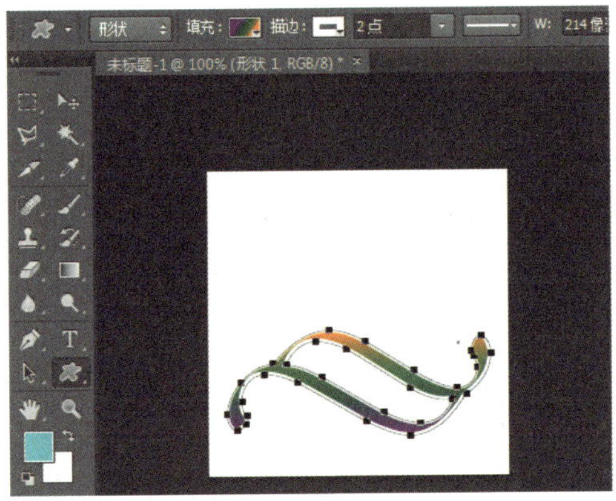

图 8-38　绘制形状

（5）选择“图层”|“图层样式”|“投影”命令，弹出“图层样式”对话框，设置图层样式参数，如图 8-39 所示。

（6）单击“确定”按钮，设置图层样式，如图 8-40 所示。

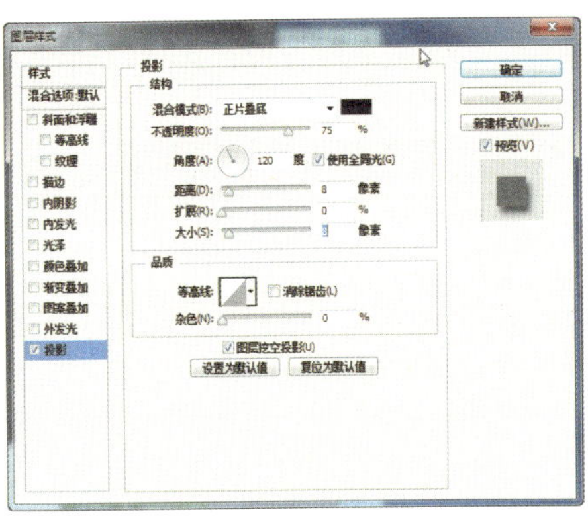

图 8-39　“图层样式”对话框

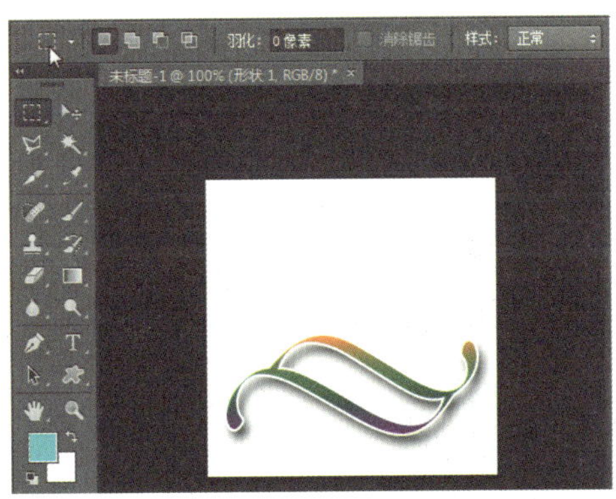

图 8-40　设置图层样式

（7）选择工具箱中的“横排文字”工具，在舞台中输入文字“美女一条街”，在选项栏中设置其参数，如图 8-41 所示。

（8）选择“图层”|“图层样式”|“混合选项”命令，弹出“图层样式”对话框，

单击左边的“样式”选项，在弹出的样式框中选择样式“绿色渐变描边”，如图 8–42 所示。

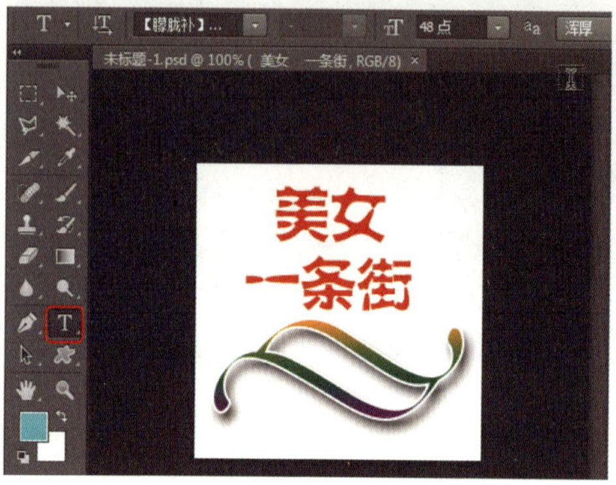

图 8–41 输入文字

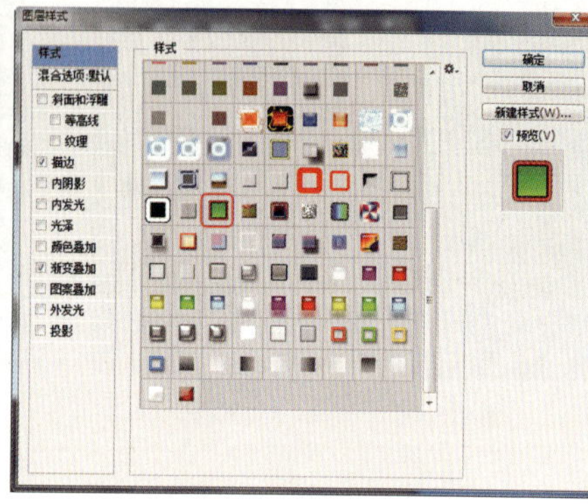

图 8–42 “图层样式”对话框

（9）单击“确定”按钮，设置图层样式，如图 8–43 所示。

（10）选择“文件”|“另存为”命令，弹出“另存为”对话框，将文件名设置为“静态店标”，如图 8–44 所示。单击“保存”按钮，即可成功完成静态店标的制作。

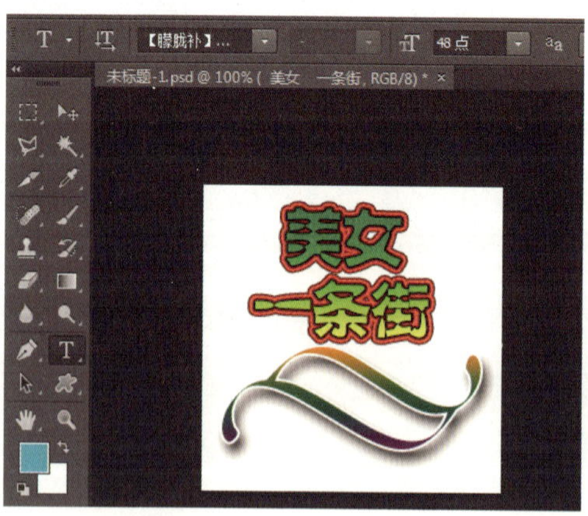

图 8–43 设置图层样式

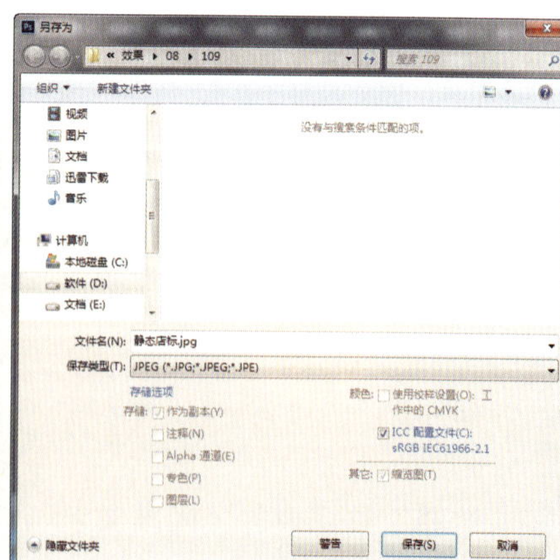

图 8–44 “另存为”对话框

第 111 招 动态图文店标的制作

本节讲述动态图文店标的制作，具体操作步骤如下。

（1）启动 Photoshop CC 软件，选择“文件”|“打开”命令，弹出“打开”对话框，选择文件 diaobiao.gif，如图 8-45 所示。

（2）单击“打开”按钮，打开图像文件，如图 8-46 所示。

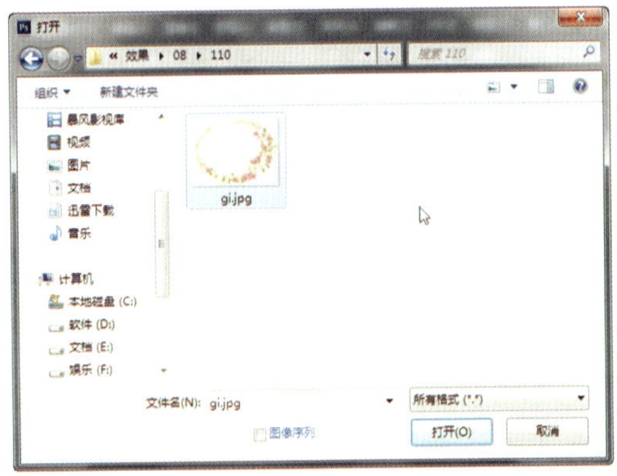

图 8-45 “打开”对话框

（3）选择工具箱中的“横排文字”工具，在舞台中输入文字，如图 8-47 所示。

图 8-46 打开图像文件

图 8-47 输入文字

（4）选择“图层”|“图层样式”|“描边”命令，弹出“图层样式”对话框，将描边颜色设置为黄色，如图 8-48 所示。

（5）单击勾选“投影”选项，设置投影参数，如图 8-49 所示。

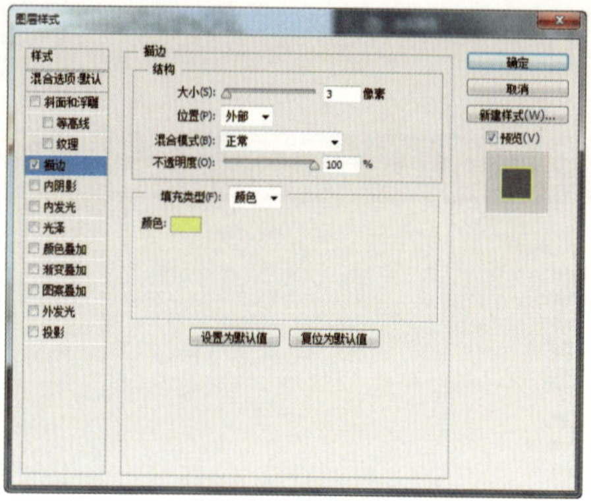

图 8-48　设置描边颜色

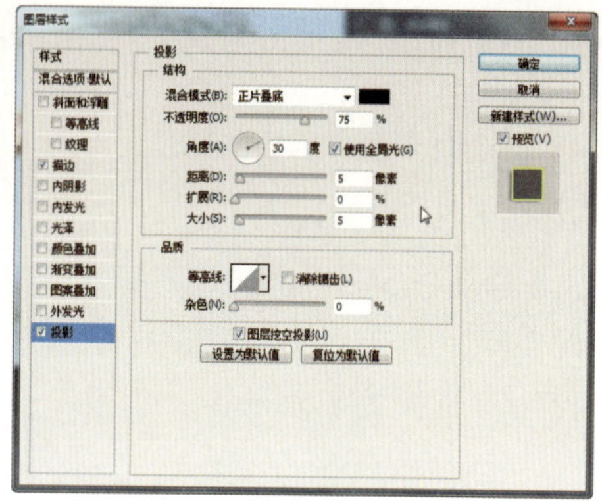

图 8-49　设置投影参数

（6）单击“确定”按钮，设置图层样式效果如图 8-50 所示。

（7）打开“图层”面板，选择输入的文本图层，将其拖动到底部的“创建新图层”，复制出一图层文本，如图 8-51 所示。

图 8-50　设置图层样式效果

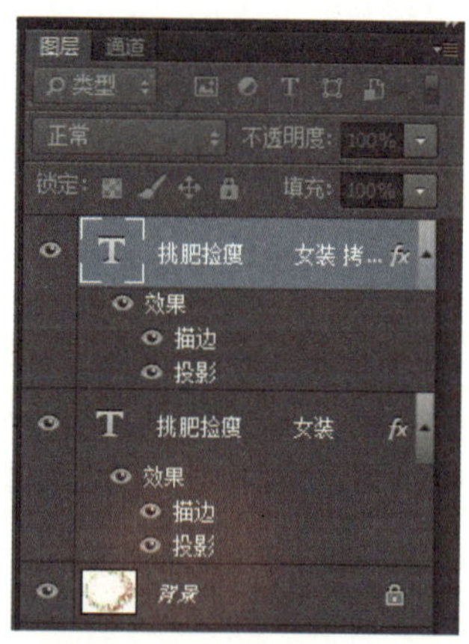

图 8-51　复制文本

（8）选择输入的文本，在选项栏中单击填充颜色按钮，弹出“拾色器”文本框，设置文本颜色为绿色，如图 8-52 所示。

（9）单击“确定”按钮，将文本颜色设置为绿色，如图 8-53 所示。

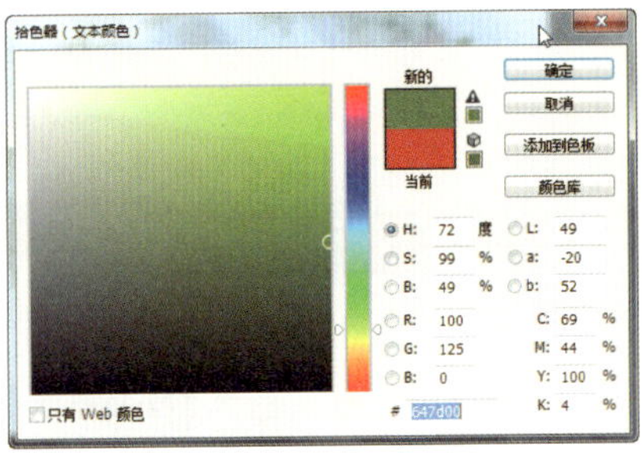

图 8-52　设置文本颜色为绿色

图 8-53　改变文本颜色

（10）选择“文件”|“置入”命令，弹出“置入”对话框，选择要导入的图像文件 1.gif，如图 8-54 所示。

（11）单击“置入”按钮，置入图像文件蝴蝶，如图 8-55 所示。

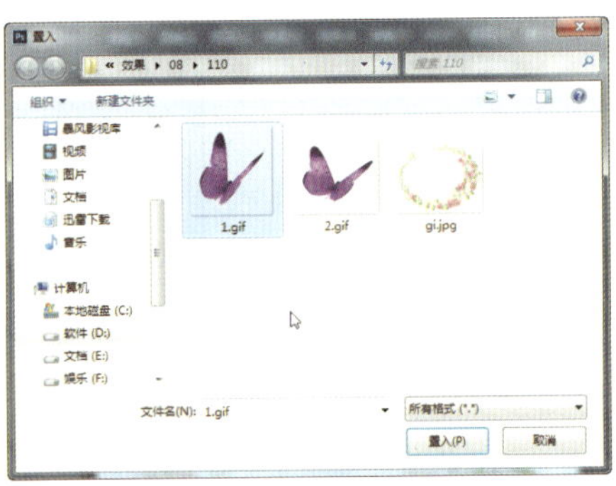

图 8-54　“置入”对话框

图 8-55　置入图像蝴蝶

（12）同步骤（10）~ 步骤（11）置入图像 2.gif，将其拖动到合适的位置，如图 8-56 所示。

（13）选择“窗口”|“时间轴”命令，打开“时间轴”面板，单击“复制所选帧”，复制出 1 帧。在“图层”面板选中上面的文本图层和置入的图像 2，如图 8-57 所示。

（14）单击选中第 1 帧右击鼠标，在弹出的列表中选择 2.0，设置帧延迟时间，如图 8-58 所示。

（15）选择第 2 帧，在“图层”面板选中下面的文本图层和置入的图像 1，如图 8-59 所示。

图 8-56 置入图像

图 8-57 隐藏图层

图 8-58 设置帧延迟时间

图 8-59 隐藏图层

（16）选择“文件”|“存储为 Web 所用格式”命令，弹出“存储为 Web 所用格式”对话框，将“循环选项”设置为“永远”选项，如图 8-60 所示。

（17）单击“存储”按钮，弹出“将优化结果存储为”对话框，将文件名设置为 dianbiao，如图 8-61 所示。单击“保存”按钮，即可成功保存店标文件。

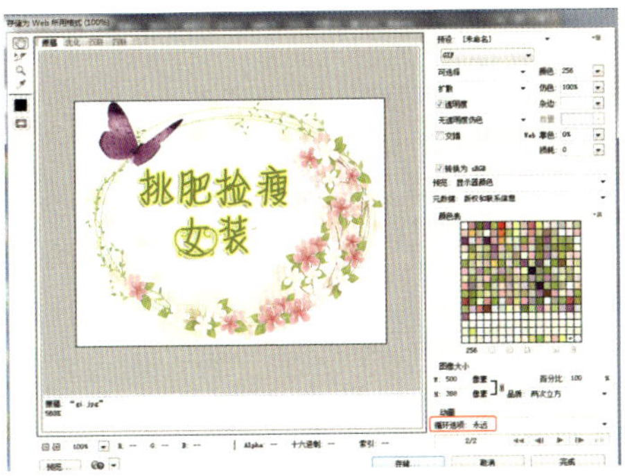

图 8-60　“存储为 Web 所用格式”对话框

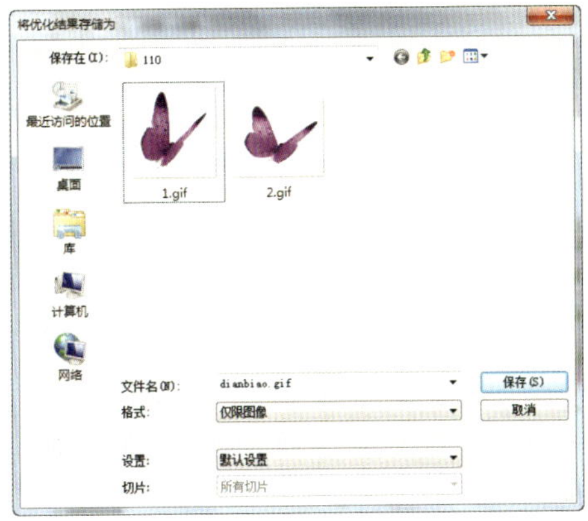

图 8-61　“将优化结果存储为”对话框

第 112 招　将店标发布到店铺

设计好店标后，就可以通过淘宝网上的店铺管理工具将店标图片发布到店铺上。下面详细讲解将店标发布到店铺上的操作方法，具体操作步骤如下。

（1）登录淘宝网，进入“我的淘宝”，单击“我是卖家”超链接，进入卖家中心，如图 8-62 所示。

图 8-62　进入卖家中心

（2）单击“设置店标”超链接，弹出“店铺基本设置”页面，单击“上传图标”按钮，如图 8–63 所示。

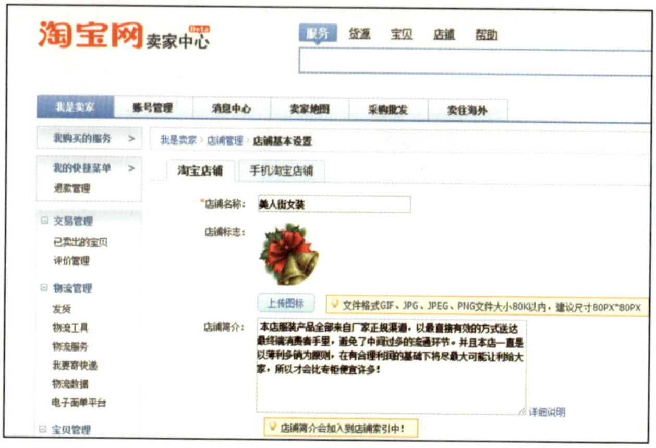

图 8–63 “店铺基本设置”页面

（3）在弹出的“打开”对话框中选择制作好的店标，如图 8–64 所示。

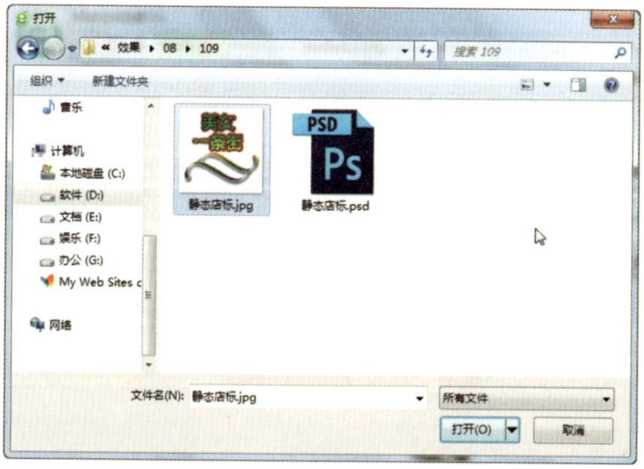

图 8–64 “打开”对话框

（4）单击“打开”按钮，即可添加店标，如图 8–65 所示。

（5）单击底部的“保存”按钮，即可成功上传店标，如图 8–66 所示。

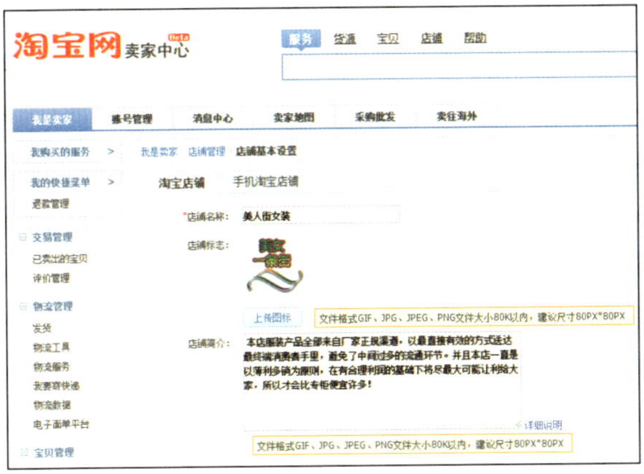

图 8-65　添加店标

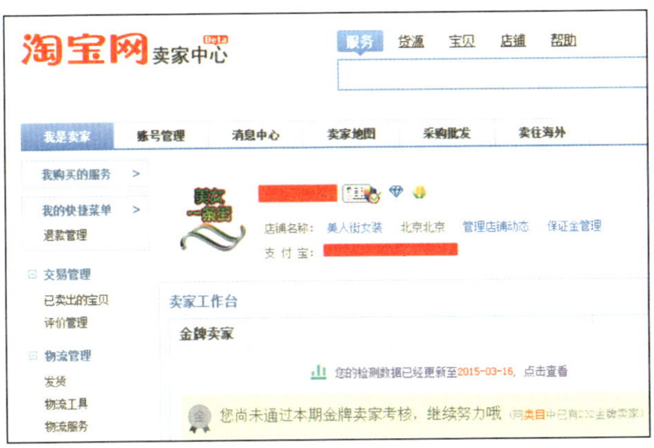

图 8-66　上传店标

第 113 招　店招制作的注意事项

淘宝店招是由户外的店铺招牌延伸而来。店招尺寸 990/950×150 像素，面积虽小，却至关重要。从内容上来说，店招上面可以有店铺名、店铺 Logo、收藏按钮、关注按钮、促销产品、优惠券、活动信息/时间/倒计时、搜索框、店铺公告、网址、第二导航条、电话热线、店铺资质、店铺荣誉等一系列信息。

制作店招需要注意的事项有以下几点。

（1）视觉重点不宜过多，有 1 ~ 2 个就够了，太多了会给店招造成压力。

（2）店招图片推荐使用尺寸为 950×150，大于这个尺寸的部分会被裁掉。

（3）上传店招图片，可以选择将此图片只应用到当前页面，或应用到整个店铺的页面中。

（4）根据店铺现阶段的情况来分析。如果现阶段是做大促，可以着重突出促销信息，但是品牌性也不能忽略。

（5）店招一定要凸显品牌的特性，让买家清楚地知道你是卖什么的，包括风格，品牌文化等。

（6）颜色不要太复杂，一定要保持整洁性，不要使用过多的颜色，给买家造成视觉疲劳很可能就会流失客户的关注度，尽量只使用 1 到 3 种颜色，减少使用过于刺激的颜色。

第 114 招　设计精美的店招

店铺招牌是一个店铺的象征，一个好的店招能传达店铺的经营理念，突出店铺的经营风格，彰显店铺的形象。具体操作步骤如下。

（1）启动 Photoshop CC 软件，选择“文件”|“新建”命令，弹出“新建”对话框，将“宽度”设置为 950，“高度”设置为 150，如图 8–67 所示。

（2）单击“确定”按钮，新建空白文档，如图 8–68 所示。

（3）选择工具箱中的“渐变”工具，在选项栏中单击“点按可编辑渐变”按钮，弹出“渐变编辑器”对话框，设置渐变颜色，如图 8–69 所示。

（4）单击“确定”按钮，设置渐变颜色，如图 8–70 所示。

（5）选择工具箱中的“自定义形状”工具，在选项栏中单击“形状”按钮，在弹出的列表框中选择“心形”形状，如图 8–71 所示。

（6）在舞台中按住鼠标左键绘制心形，如图 8-72 所示。

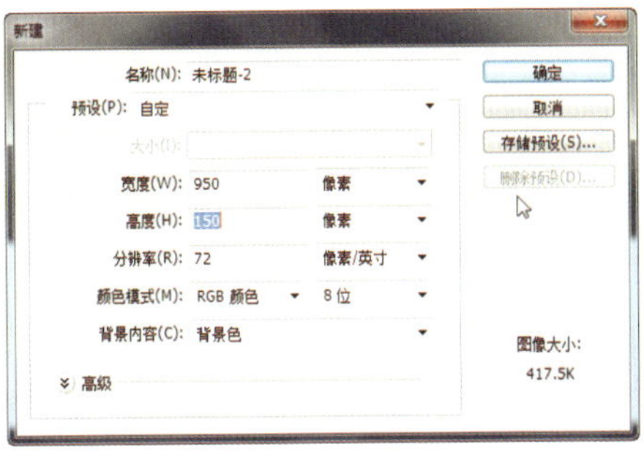

图 8-67　“新建”对话框

图 8-68　新建空白文档

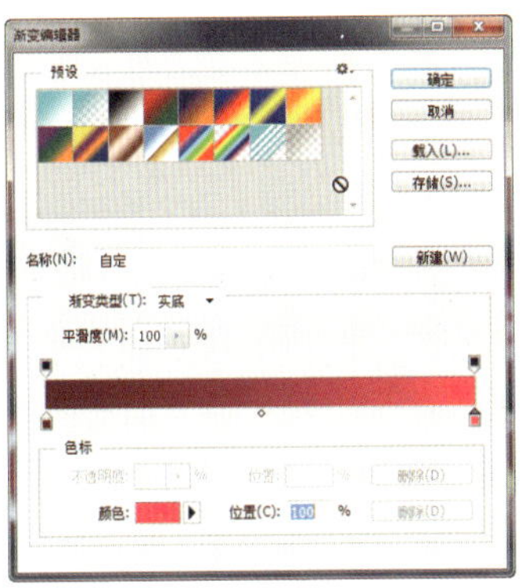

图 8-69　“渐变编辑器”对话框

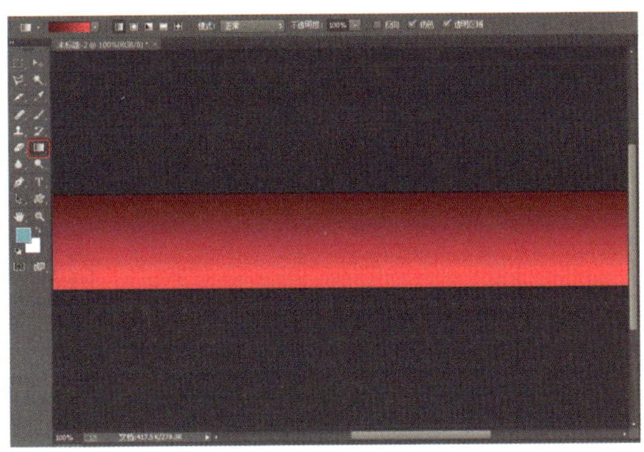

图 8-70　设置渐变颜色

图 8-71　选择形状

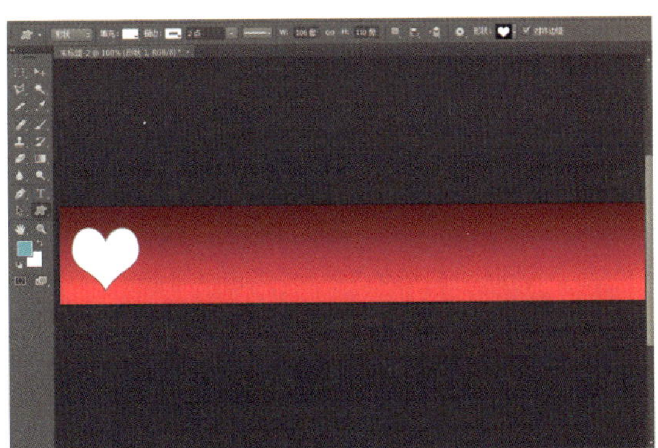

图 8-72　绘制心形

（7）选择“编辑”|“变换”|“旋转”命令，调整图像的角度，如图 8–73 所示。

（8）选择“图层”|“图层样式”|“投影”命令，弹出“图层样式”对话框，设置投影参数，如图 8–74 所示。

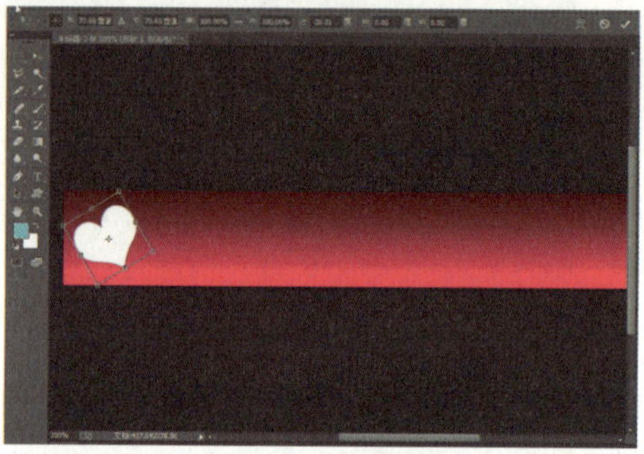

图 8–73　对图像进行变形

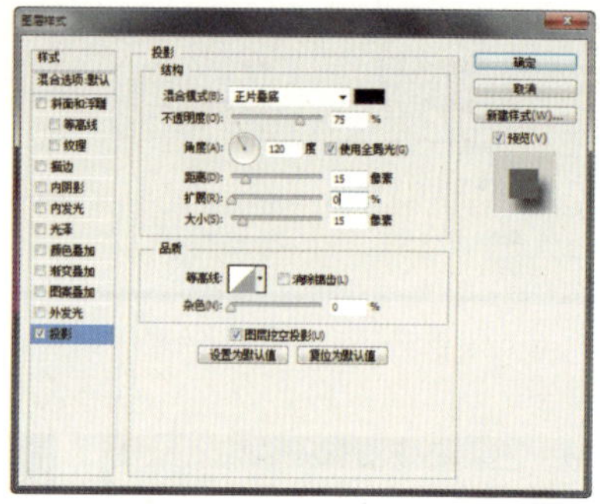

图 8–74　设置投影参数

（9）单击“确定”按钮，设置投影效果，如图 8–75 所示。

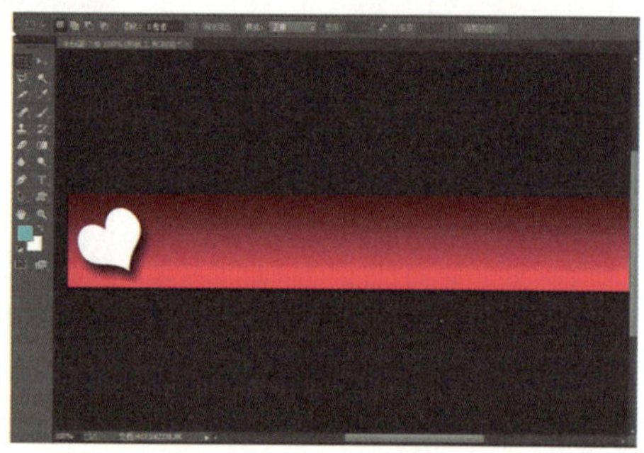

图 8–75　设置投影效果

（10）选择工具箱中的“自定义形状”工具，在舞台中绘制红色心形，如图 8–76 所示。

（11）选择“图层”|“图层样式”|“渐变叠加”命令，弹出“图层样式”对话框，设置渐变叠加颜色，如图 8–77 所示。

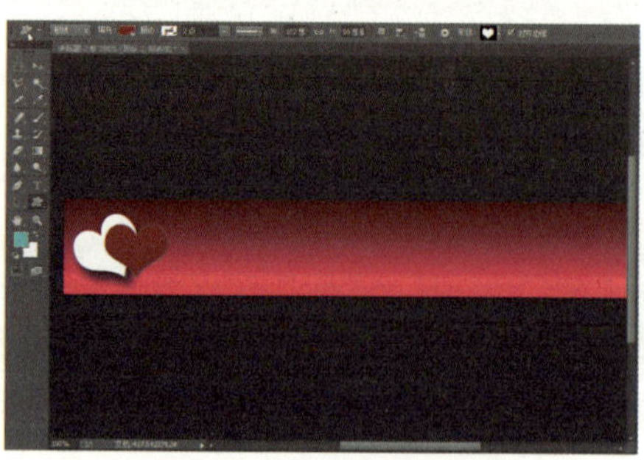

图 8–76　绘制红色心形

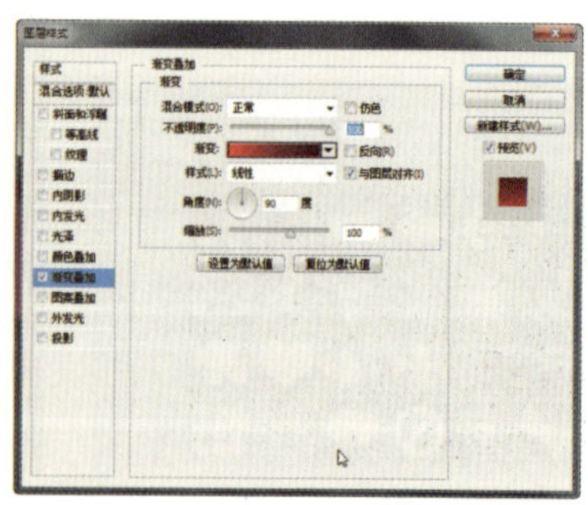

图 8–77　设置渐变叠加颜色

（12）单击“确定”按钮，设置文本渐变叠加效果，如图 8–78 所示。

（13）在舞台的右侧绘制一个白色心形和一个红色心形，如图 8–79 所示。

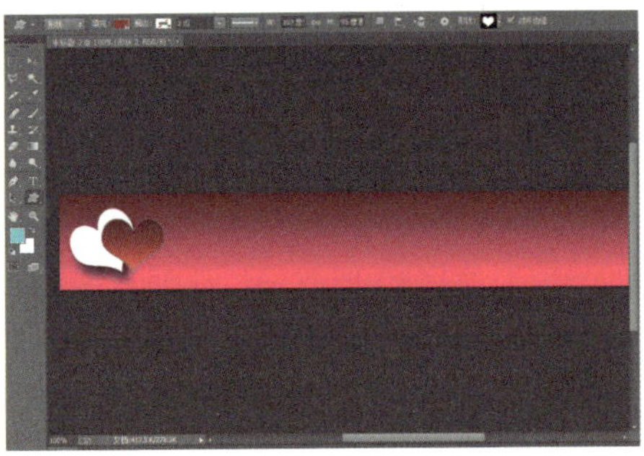

图 8–78　设置渐变叠加

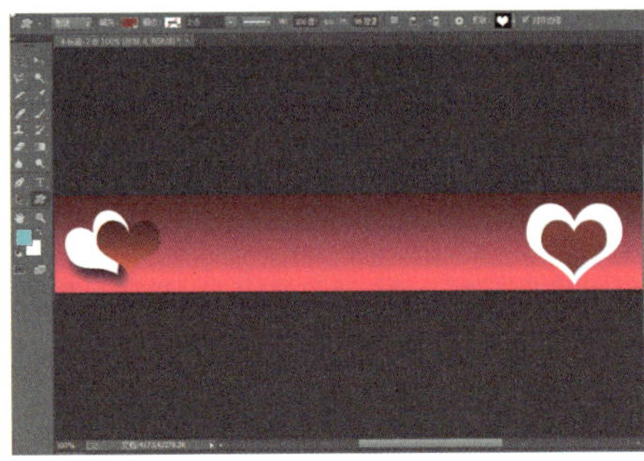

图 8–79　绘制心形

（14）选择工具箱中的“横排文字”工具，在心形上面输入文字“藏”，如图 8–80 所示。

（15）选择工具箱中的“横排文字”工具，在舞台中输入文字“美女一条街”，在选项栏中设置文本属性，如图 8–81 所示。

图 8–80　输入文字“藏”

图 8–81　输入文字

（16）选择“图层”|“图层样式”|“混合选项”命令，弹出“图层样式”对话框，单击左侧的“样式”按钮，在弹出的样式框中选择合适的样式，如图 8–82 所示。

（17）单击“确定”按钮，设置文本图层样式效果，如图 8–83 所示。

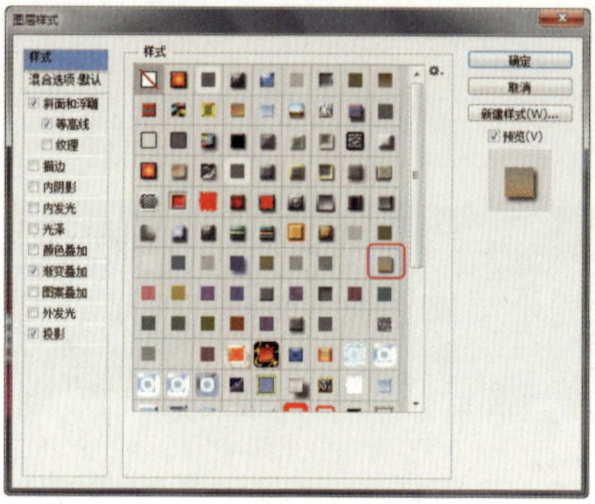

图 8-82 选择样式

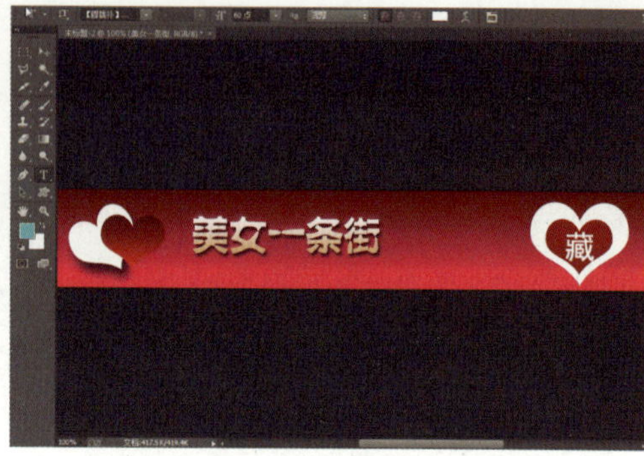

图 8-83 设置图层样式

（18）选择工具箱中的“自定义形状”工具，在选项栏中单击“样式”按钮选择合适的形状，在选项栏中将填充颜色设置为红色，描边颜色设置为白色，在舞台中绘制形状，如图 8-84 所示。

（19）选择工具箱中的“自定义形状”工具，在舞台中按住鼠标左键绘制形状，按 Ctrl+T 键对图像进行变形，如图 8-85 所示。

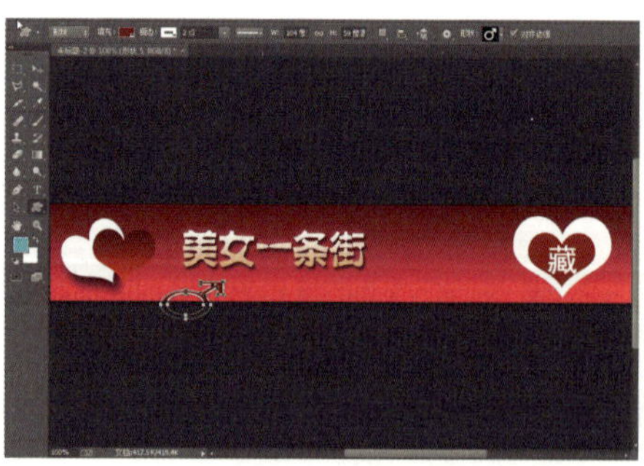

图 8-84 绘制形状

图 8-85 绘制图形

（20）选择工具箱中的“横排文字”工具，在舞台中输入文字，如图 8-86 所示。

（21）选择“文件”|“存储为”命令，弹出“存储为”对话框，将文件名设置为“店招”，如图 8-87 所示。单击“保存”按钮，即可成功完成店招的制作。

图 8-86　输入文字

图 8-87　“存储为”对话框

第 115 招　将店招应用到店铺中

做好了店招，存储在自己的电脑上，然后传到店铺的店招位置就可以了。具体操作步骤如下。

（1）登录淘宝网，进入“我的淘宝”，单击“我是卖家”超链接，进入卖家中心，单击右侧中的“店铺管理”中的“店铺装修”超链接，如图 8-88 所示。

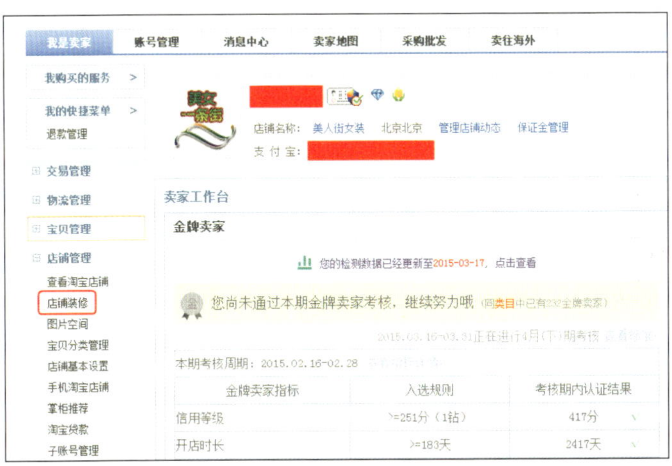

图 8-88　单击“店铺装修”超链接

（2）进入“店铺装修”页面，将鼠标放置在页面的顶部，单击右侧“添加模块”按钮，如图 8-89 所示。

图 8-89 单击“添加模块”按钮

（3）在弹出的“添加模块”对话框中选择“店铺招牌”右边的“添加”按钮，如图 8-90 所示。

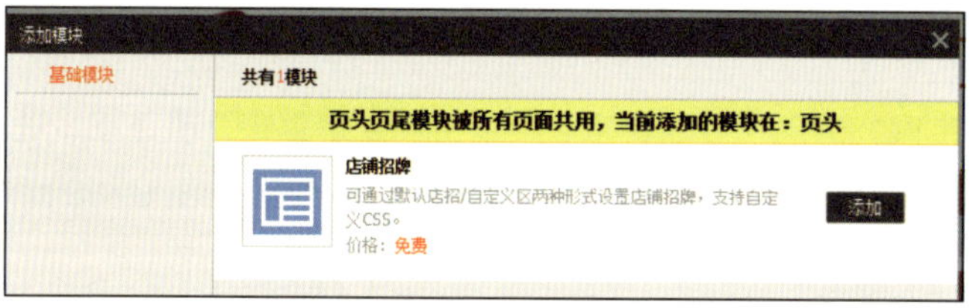

图 8-90 单击“添加”按钮

（4）选择以后添加“店铺招牌”模块，单击右侧的“编辑”按钮，如图 8-91 所示。

图 8-91 单击“编辑”按钮

（5）打开“店铺招牌”页面，在“背景图”中单击“选择文件”选项，如图 8–92 所示。

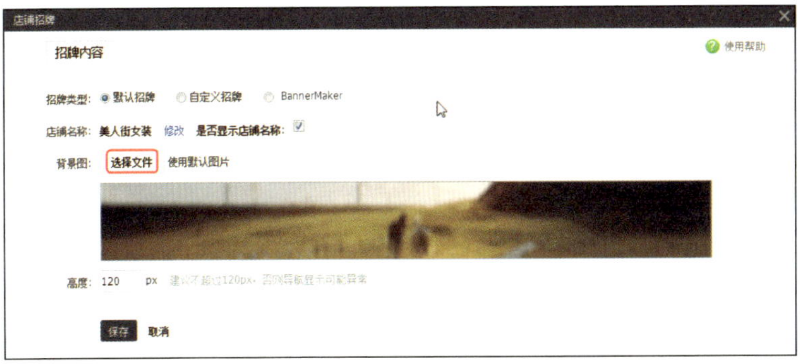

图 8–92　单击“选择文件”选项

（6）在打开的文件框中，单击底部的“添加图片”超链接，如图 8–93 所示。

图 8–93　单击“添加图片”超链接

（7）弹出“选择要上载的文件”对话框，在该对话框中选择“店招 .jpg”，如图 8–94 所示。

（8）选择文件以后，上传完成以后即可单击“插入”按钮，如图 8–95 所示。

图 8-94 选择“店招 .jpg”

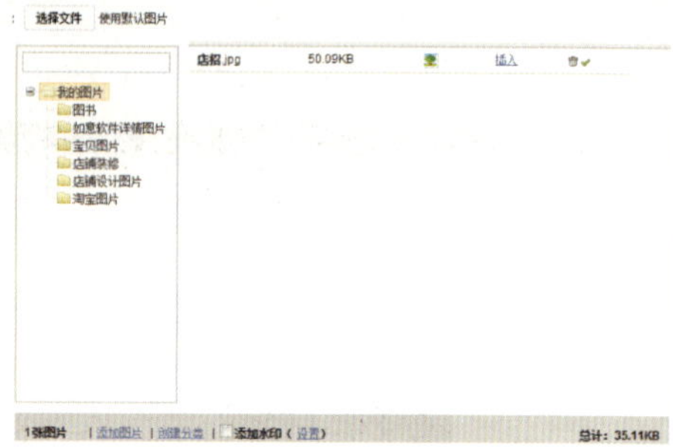

图 8-95 单击“插入”按钮

（9）选择以后即可插入店招文件，在“店铺名称”后面的“是否显示店铺名称”后面去掉勾选，将“高度”设置为 150，如图 8-96 所示。

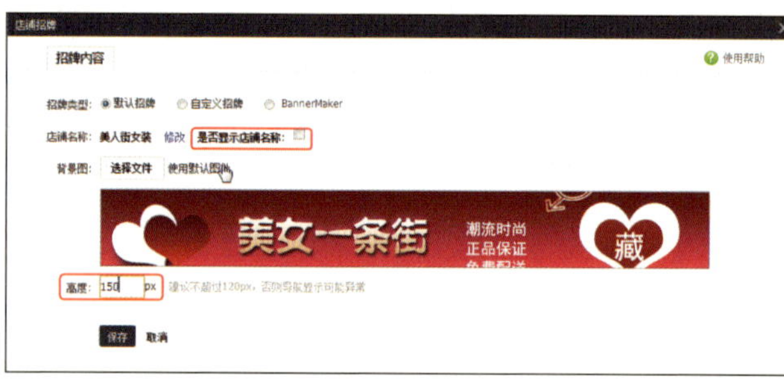

图 8-96 插入店招文件

（10）单击“保存”按钮，即可添加店招文件，如图 8-97 所示。

图 8-97 添加店招文件

（11）单击右上角的“发布”按钮，即可预览店铺页面效果，如图 8-98 所示。

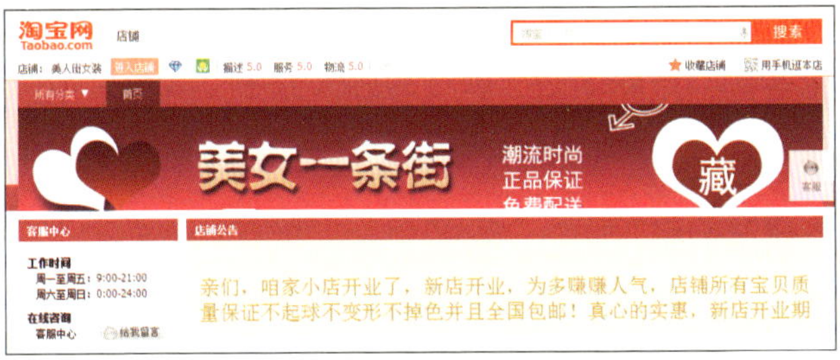

图 8-98　预览店铺效果

第 116 招　店铺装修必知的要素

网店装修非常重要，一个好的视觉效果，对留住买家起到的作用相当大。网店装修需要了解哪些要素呢？

1. 锁定潜在顾客

首先要弄清楚店铺的基调，产品是属于什么风格，自己的产品主要受众群体是哪一类，年龄层段如何。如果主打是年轻风，那么店铺的风格可以设置为自由，时尚一些等。如产品都是男士服装，但你的装修是儿童风格的，这明显是不协调的。如图 8-99 所示截图的店铺首页第一屏，就非常好地体现了店铺产品的定位——地方生态产品。

图 8-99　店铺首页第一屏体现了店铺产品定位

2. 不轻易改动店铺界面

网上购物，图的就是便捷，价格

优惠，在店铺的页面结构上，不宜频繁改动店铺装修结构。

3. 差异化是价值的体现

如今在淘宝市场同质化严重的情况下，店铺能有自己创新的一面，这无疑会让你的店铺令人印象深刻，吸引更多的买家。

4. 图片与文字搭配使用

好的图片对于卖家而言是个不错刺激，但是我们也要知道文字的重要性，如果单单是一张图片，没有任何的文字搭配，这样引流的作用是有限的。当然，文字要言简意赅，让顾客在最小的篇幅内，看到关键的文字，让人对产品一目了然。我们看到一些简练的文字对凸显产品的特性起到了画龙点睛的作用。

如图 8–100 所示的首页焦点图片，这个非常重要的黄金位置，安排了产品的图片和促销信息。

图 8–100　首页焦点图片与文字搭配使用

第 117 招　“双十一”卖家如何装修店铺

面对“双十一”这样的大促节日，卖家为了争取更多的订单量，更要做好网店的装修。

1. 店铺装修要突出主题

所谓突出主题，就是要在店铺的每一个角落，突出促销、特惠、喜庆。中国向来都有这样的习惯，凡是喜庆的日子或者过年过节，都喜欢用红色或者艳色来表现。店铺的促销一定要抓住这样的心态，把店铺装扮得喜庆点，让别人一进来，就能感觉到你的大促诚意，如图 8–101 所示。

图 8–101 突出主题

2. 与买家玩转移动淘宝

要知道，淘宝上的每一个细节都有可能影响到宝贝搜索排名和权重。在移动端中，可以设置微淘价、手机专享价。把手机扫一扫放在首页展示，可以获得更多的关注度。图 8–102 所示为玩转扫一扫移动淘宝的效果图。

图 8–102 玩转扫一扫移动淘宝

3. 适当运用导航营销

导航营销做得好的话，能更好地引导对顾客进行营销。让买家提前知道你将在“双十一”期间做什么活动，让他们有准备和选择。同时，可以对他们进行购物引导，如最近会上什么新款、“双十一”期间会上什么款式、有什么产品要促销，加深他们对你的店铺和产品的印象，如图 8-103 所示。

图 8-103 适当运用导航营销

4. 在首页上适当放点故事

最近淘宝店流行以故事赢得买家认同。不管你的故事是怎么样的，是精彩还是坎坷，是美丽还是沧桑，都可以好好包装，打动消费者。让这个故事赢得大家的心，促成并且提升自己的品牌。

第 9 章

设计店铺左侧模块

淘宝店铺一般分为左右两栏布局，并且左窄右宽，左侧一般为 190 像素，右边一般为 750 像素。左侧模板这个区域也可以安装模板，和促销区模板一样，只是形状、大小不同，而模板的安装和使用方法和促销区模板是完全相同的。

第 118 招　淘宝旺铺布局管理

淘宝布局管理就是淘宝店铺结构的调整、修改，淘宝店铺结构含店铺页头、店铺页尾和店铺中间。具体操作步骤如下。

（1）登录淘宝卖家中心，单击“店铺管理”|“店铺装修”，如图 9–1 所示。

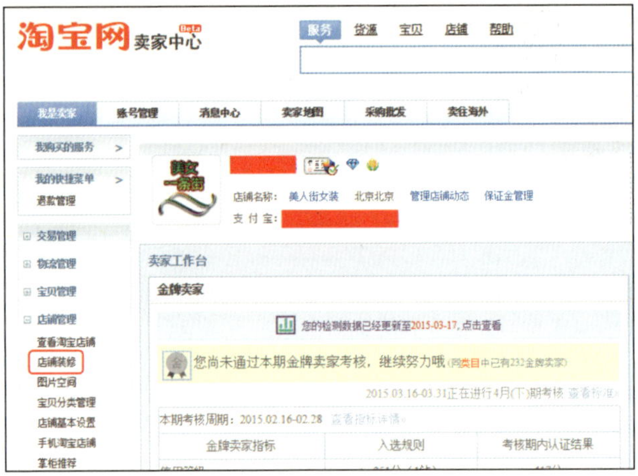

图 9–1　单击“店铺装修”超链接

（2）选中以后进入店铺装修页面，单击“布局管理”按钮，如图 9–2 所示。

图 9–2　单击“布局管理”按钮

（3）进入布局管理页面，将光标放置“自定义内容区”上面，然后单击后面的 ✖ 按钮，如图 9-3 所示。可以酌情删除不需要的自定义区域。

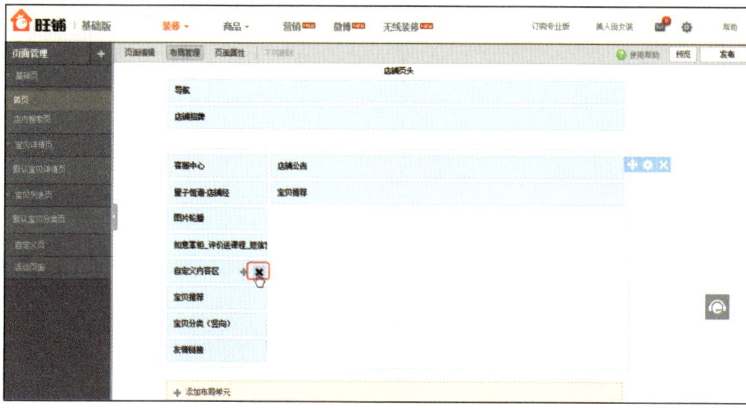

图 9-3　删除自定义区域

第 119 招　装修店铺首页导航

首页导航的设计是店铺重要的一项，具体操作步骤如下。

（1）登录淘宝卖家中心，进入店铺装修页面，将光标放置在店铺导航上面，单击“编辑”超链接，如图 9-4 所示。

图 9-4　店铺装修页面

（2）打开“导航”对话框，单击底部的“添加”按钮，如图 9–5 所示。

（3）打开“添加导航内容”对话框，单击勾选要添加的导航，如图 9–6 所示。

（4）单击“确定”按钮，添加导航内容，如图 9–7 所示。

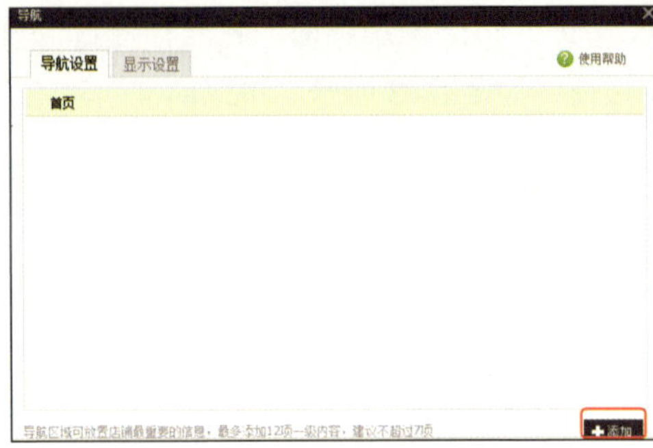

图 9–5 “导航”对话框

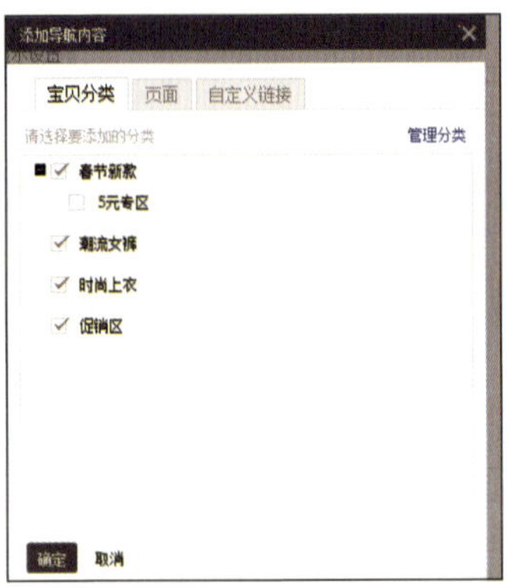

图 9–6 勾选导航

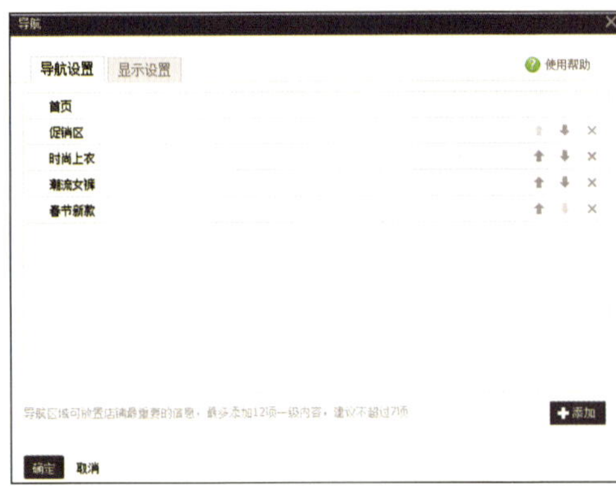

图 9–7 添加导航内容

（5）单击“确定”按钮，添加导航，如图 9–8 所示。单击右上角的“发布”按钮，即可成功添加导航。

图 9–8 添加导航

第 120 招　如何添加自定义模块

添加自定义模块具体操作步骤如下。

（1）登录淘宝卖家中心，进入店铺装修页面，单击“布局管理”按钮，进入布局管理页面，单击底部的“添加布局单元”超链接，如图 9-9 所示。

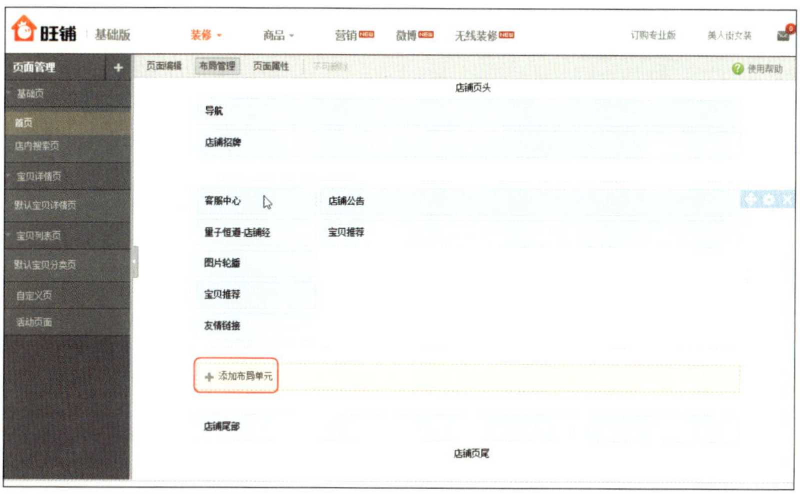

图 9-9　单击“添加布局单元”超链接

（2）弹出“布局管理”对话框，单击选中布局格式，如图 9-10 所示。

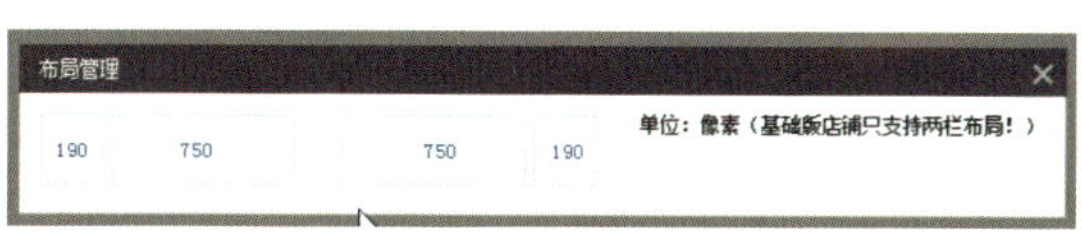

图 9-10　选中布局格式

（3）选择以后即可成功添加布局板块，单击“请添加模块”后面的 ✚ 按钮，如图 9-11 所示。

（4）弹出“模块管理”对话框，单击“宝贝排行榜”后面的“添加”按钮，如图 9-12 所示。

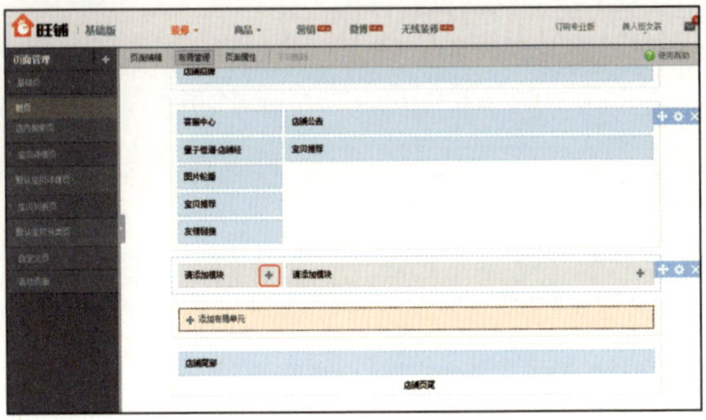

图 9-11　单击“请添加模块”

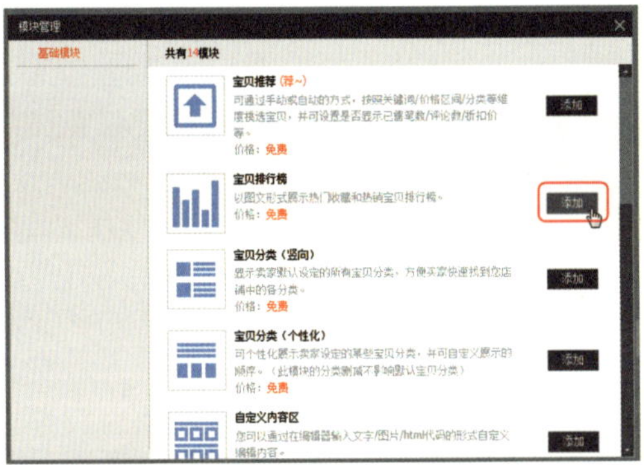

图 9-12　“模块管理”对话框

（5）选择以后即可添加模块，单击后面的“请添加模块”后面的 ➕ 按钮，如图 9-13 所示。

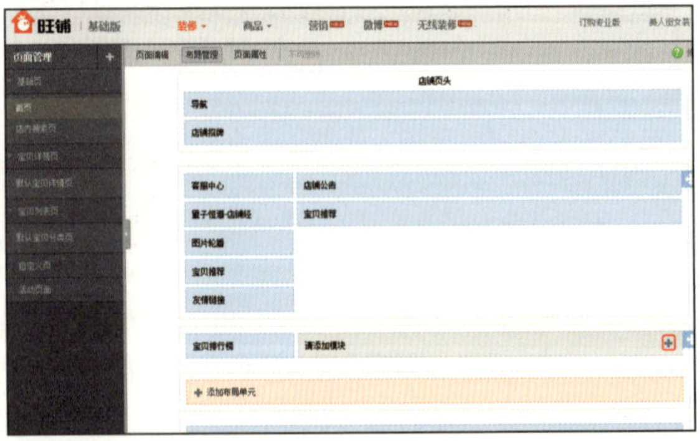

图 9-13　单击“请添加模块”

（6）弹出“模块管理”对话框，单击“公益广告联盟”后面的“添加”按钮，如图 9–14 所示。

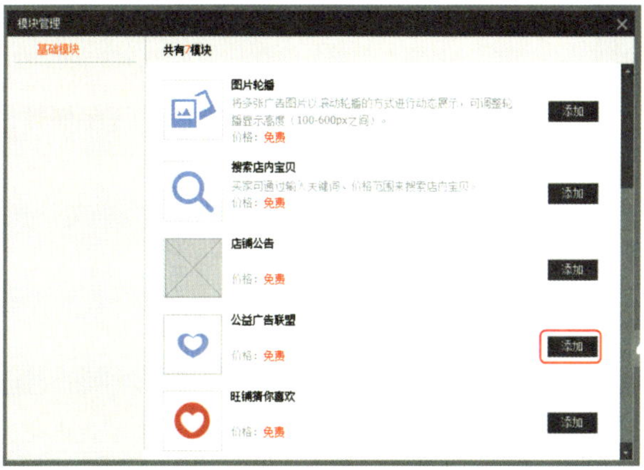

图 9–14　“模块管理”对话框

（7）选择以后即可成功添加“公益广告联盟”模块，如图 9–15 所示。

图 9–15　添加“公益广告联盟”模块

（8）单击底部的“保存”按钮即可成功布局模块，如图 9–16 所示。

图 9-16 布局模块

第 121 招 如何安装淘宝店铺友情链接

淘宝店铺友情链接不但可以让大家第一时间看到店铺，而且还可以增加店铺的浏览量。添加友情链接的具体操作步骤如下。

（1）登录淘宝卖家中心，进入店铺装修页面，将光标放置在“客户服务”上面，单击下面的“添加模块”按钮，如图 9-17 所示。

图 9-17 店铺装修页面

（2）打开“添加模块”对话框，单击“友情链接”后面的“添加”按钮，如图 9-18 所示。

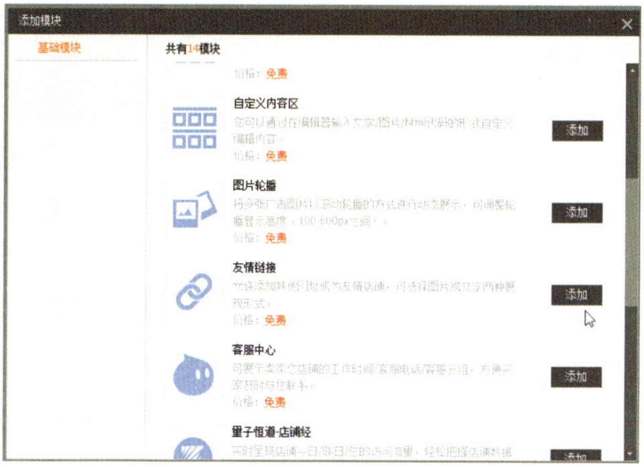

图 9-18　单击“添加”按钮

（3）选中以后添加“友情链接”模块，将光标放置在“友情链接”上面，单击按钮，如图 9-19 所示。

图 9-19　添加“友情链接”模块

（4）打开“友情链接”对话框，单击右下角的“添加”按钮，如图 9-20 所示。

（5）单击“确定”按钮，出现新的链接设置，输入链接的名称、地址和说明，如图 9-21 所示。

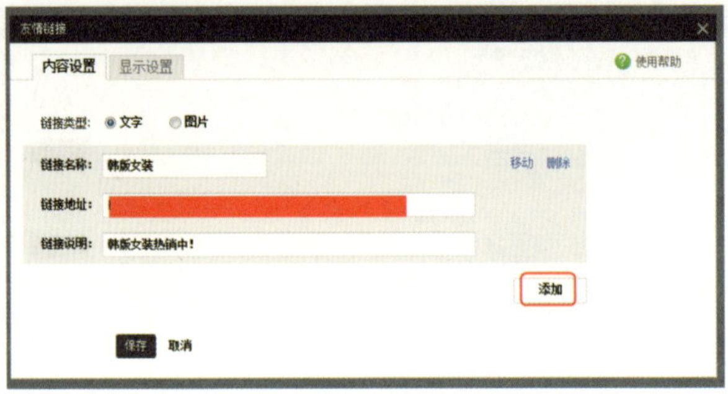

图 9-20 “友情链接”对话框

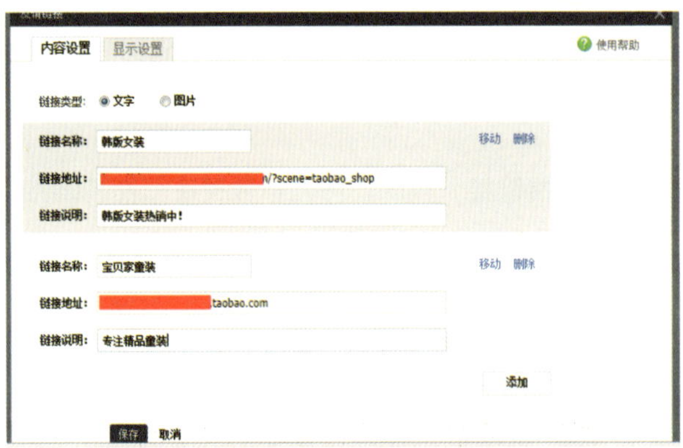

图 9-21 链接设置

（6）单击“确定”按钮，添加友情链接，如图 9-22 所示。

图 9-22 添加友情链接

（7）单击右上角的“发布”按钮，即可成功发布，预览店铺效果，如图 9–23 所示。

图 9–23　添加友情链接

第 122 招　制作静态店铺收藏图片

本节讲述利用 Photoshop 制作店铺收藏图片，具体操作步骤如下。

（1）启动 Photoshop CC 软件，选择“文件”|“新建”命令，弹出“新建”对话框，将“宽度”设置为 190，“高度”设置为 150，如图 9–24 所示。

（2）单击“确定”按钮，新建空白文档，如图 9–25 所示。

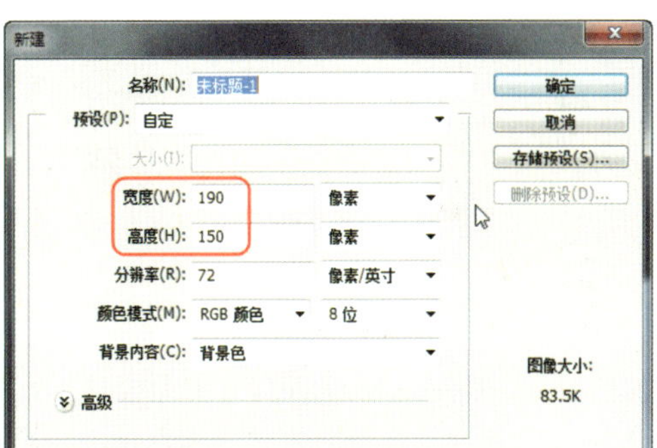

图 9–24　“新建”对话框

图 9–25　新建空白文档

（3）在工具箱中单击选择“渐变”工具，在选项栏中单击“点按可编辑渐变”按钮，弹出“渐变编辑器”对话框，设置渐变颜色，如图 9–26 所示。

（4）在舞台中从下向上拖动填充渐变，设置舞台背景，如图 9–27 所示。

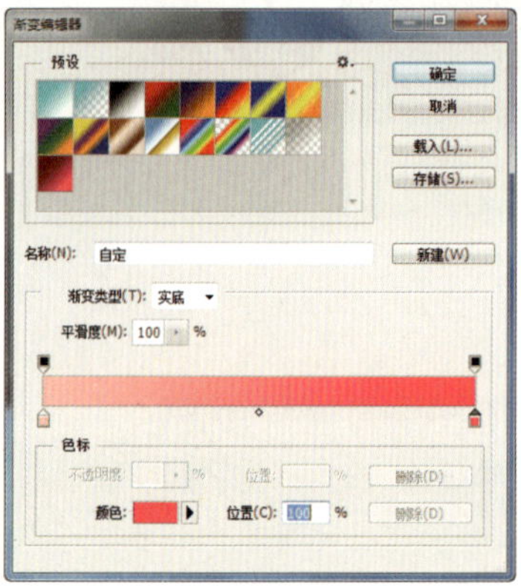

图 9–26 “渐变编辑器”对话框

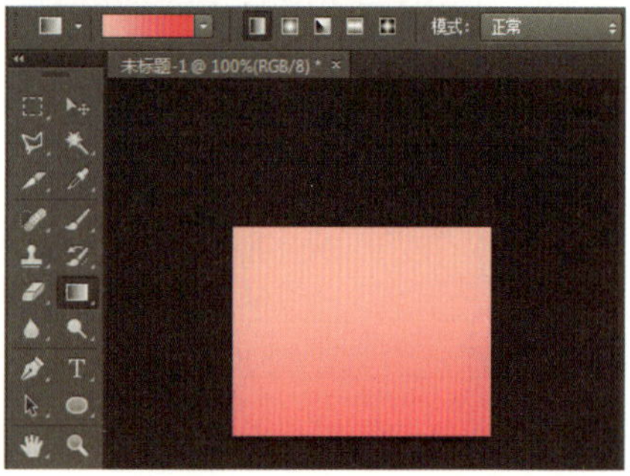

图 9–27 设置背景

（5）选择工具箱中的“横排文字”工具，在选项栏中设置其参数，在舞台中输入文字“收藏本店”，如图 9–28 所示。

（6）选择“图层”|“图层样式”|“描边”命令，弹出“图层样式”对话框，在描边颜色设置为红色，如图 9–29 所示。

图 9–28 输入文本

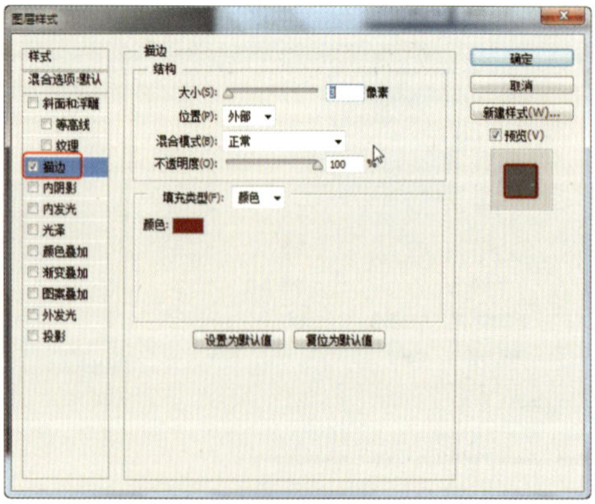

图 9–29 “图层样式”对话框

（7）单击“确定”按钮，设置文本描边效果，如图 9–30 所示。

（8）选择工具箱中的“横排文字”工具，在舞台中输入字母 C，如图 9–31 所示。

（9）选择工具箱中的“横排文字”工具，在舞台中输入字母 ollect，如图 9–32 所示。

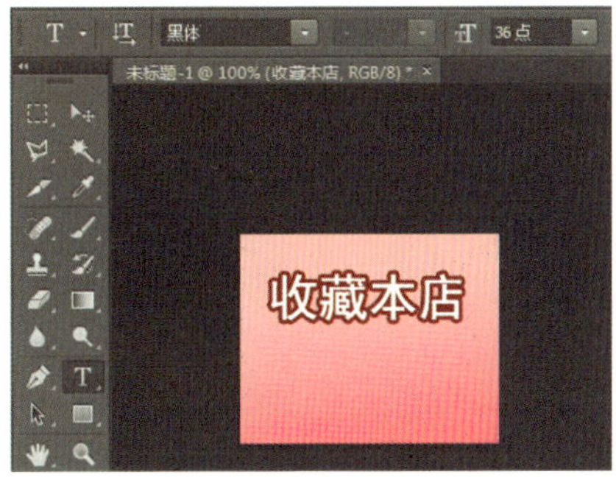

图 9–30　设置文本描边效果

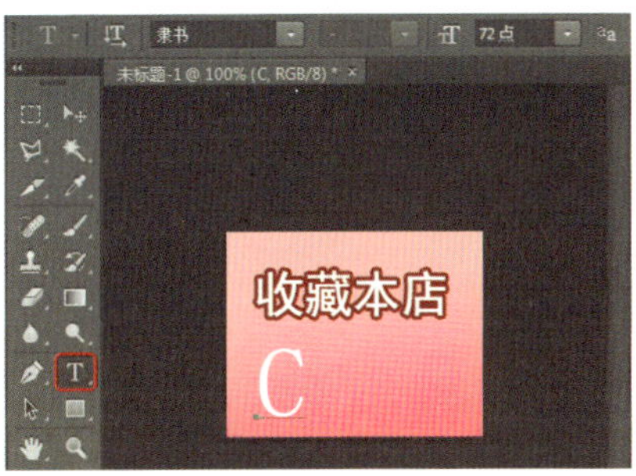

图 9–31　输入字母 C

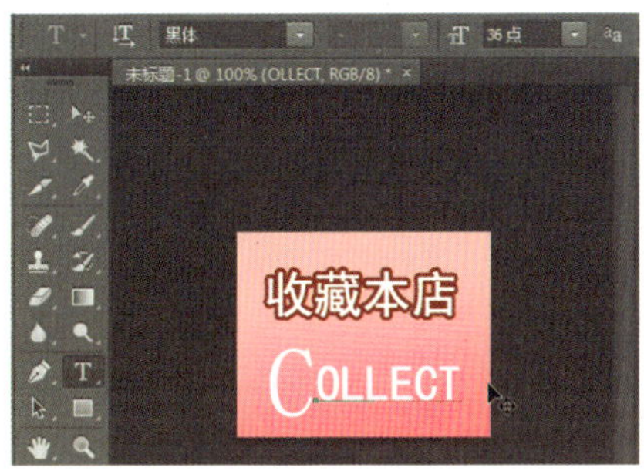

图 9–32　输入字母

第 123 招　制作动态店铺收藏图片

制作动态的店铺收藏图片，具体操作步骤如下。

（1）启动 Photoshop CC，选择“文件”|“打开”命令，弹出“打开”对话框，选择图像文件 bg.jpg，如图 9–33 所示。

（2）单击“打开”按钮，打开图像文件，如图 9–34 所示。

图 9–33　“打开”对话框

（3）选择工具箱中的“横排文字”工具，在舞台中输入文字“收藏”，如图 9–35 所示。

图 9–34 打开图像文件

图 9–35 输入文字

（4）选择“图层”|“图层样式”|“投影”命令，弹出“图层样式”对话框，如图 9–36 所示。

（5）单击勾选“描边”选项，设置描边颜色为浅黄色，如图 9–37 所示。

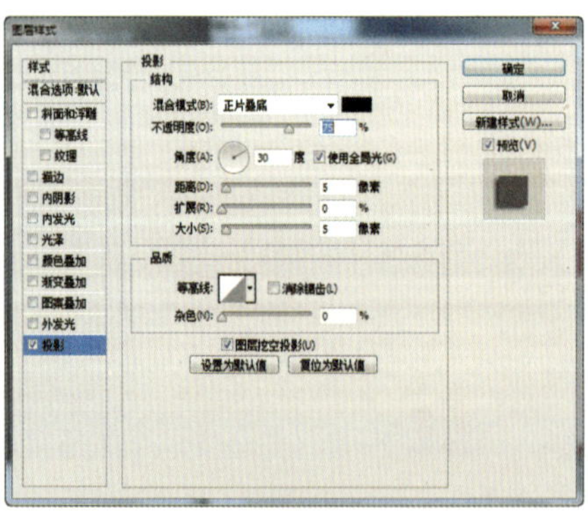

图 9–36 “图层样式”对话框

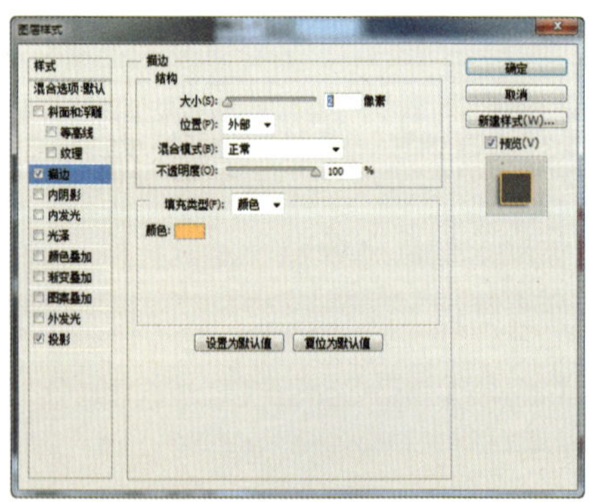

图 9–37 设置描边颜色

（6）单击“确定”按钮，设置图层样式，如图 9–38 所示。

（7）打开“图层”面板，单击选中“收藏”图层，将其拖动到底部的“创建新图层”按钮上，复制图层，如图 9–39 所示。

图 9-38　设置图层样式

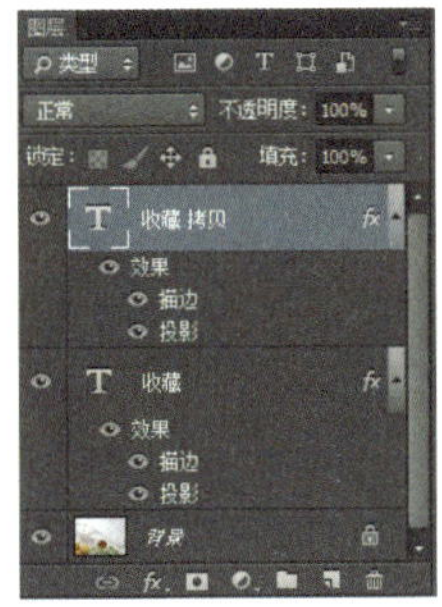

图 9-39　复制图层

（8）在“图层”面板中双击复制的图层，打开“图层样式”对话框，单击勾选“渐变叠加”选项，将颜色设置为红色，如图 9-40 所示。

（9）单击“确定”按钮，设置图层样式效果，如图 9-41 所示。

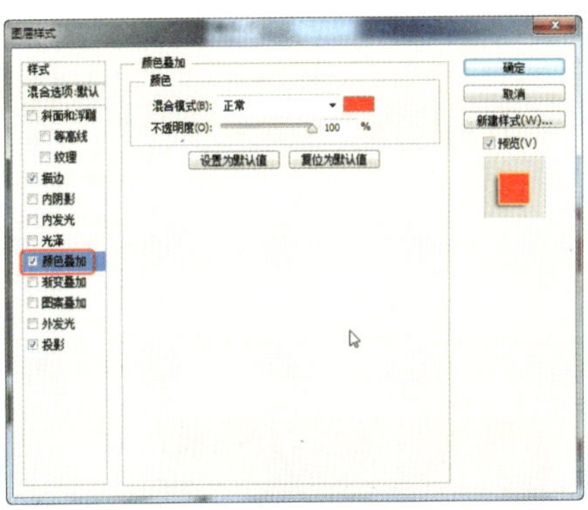

图 9-40　“图层样式”对话框

图 9-41　“图层样式”对话框

（10）选择“窗口”|“时间轴”命令，打开“时间轴”面板，如图 9-42 所示。

（11）单击“时间轴”面板底部的“复制所选帧”按钮，复制帧，如图 9-43 所示。

图 9-42　“时间轴”面板

图 9-43　复制帧

（12）单击选中第 1 帧，在“图层”面板中隐藏“收藏 拷贝”图层，如图 9–44 所示。

（13）单击选中第 2 帧，在“图层”面板中隐藏“收藏”图层，如图 9–45 所示。

图 9–44　隐藏“收藏 拷贝”图层

图 9–45　隐藏“收藏”图层

（14）单击选中第 1 帧，右击鼠标在弹出的列表中选择 1.0，设置第 1 帧延迟时间，如图 9–46 所示。

（15）单击选中第 2 帧，右击鼠标在弹出的列表中选择 1.0，设置第 2 帧延迟时间，如图 9–47 所示。

图 9–46　设置第 1 帧延迟时间

图 9–47　设置第 2 帧延迟时间

（16）选择“文件”|“存储为 Web 所用格式”命令，弹出“存储为 Web 所用格式”对话框，将循环选项设置为“永远”，如图 9–48 示。

（17）单击“存储”按钮，弹出“将优化结果存储为”对话框，将文件名设置为“收藏.gif”，如图 9–49 所示。单击“保存”按钮，即可成功完成动态店铺收藏图片的制作。

图 9-48　“存储为 Web 所用格式”对话框

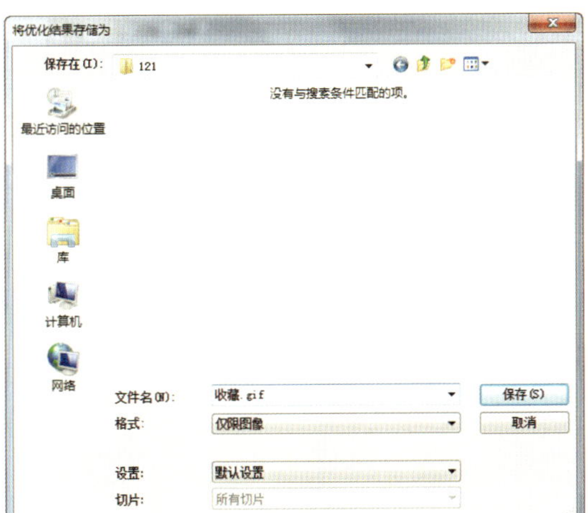

图 9-49　“将优化结果存储为”对话框

第 124 招　店铺收藏代码的获取

收藏一般都位于店铺左侧上方，掌柜档案下，具体操作步骤如下。

（1）进入淘宝店铺，将鼠标放在店铺的旺旺图标上，在“收藏本店铺”按钮上右击，在弹出的菜单中选择“复制快捷方式（T）”命令，如图 9-50 所示。

（2）这样自己的店铺收藏代码就复制了，新建一记事本文档，将其代码粘贴到文档中，如图 9-51 所示。

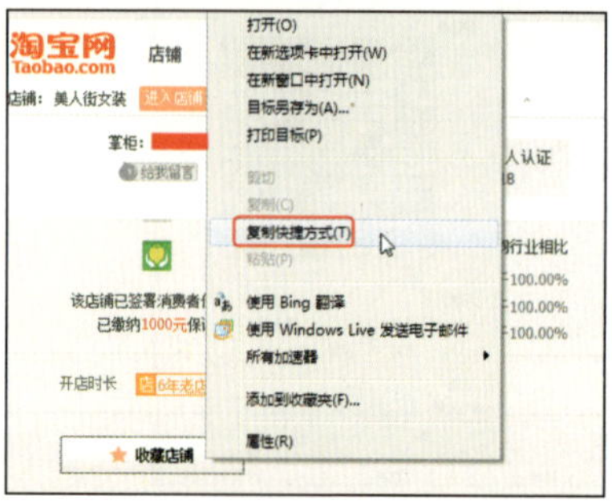

图 9-50　选择“复制快捷方式（T）”命令

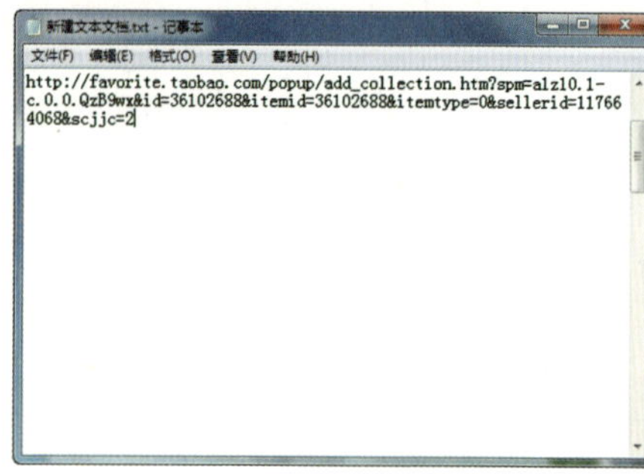

图 9-51　粘贴代码

第 125 招　店铺收藏图片的上传

淘宝店铺收藏做得好可以给店铺带来大量的回头客，意向客户，所以本节讲述店铺收藏图片的上传，具体操作步骤如下。

（1）登录淘宝卖家中心，单击“店铺管理”|“图片空间”超链接，如图 9-52 所示。

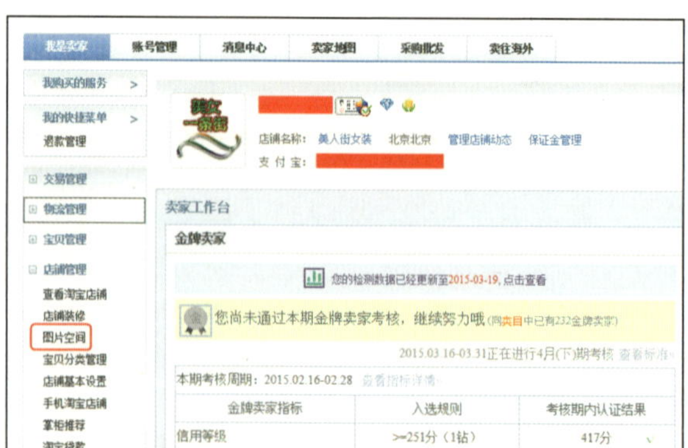

图 9-52　单击“图片空间”超链接

（2）打开图片空间页面，单击“上传图片”按钮，如图 9–53 所示。

图 9–53　单击“上传图片”按钮

（3）打开“上传图片”页面，去掉勾选“添加水印”选项，单击“点击上传”按钮，如图 9–54 所示。

（4）打开“选择要上载的文件”对话框，选择制作好的店铺收藏图片，如图 9–55 所示。

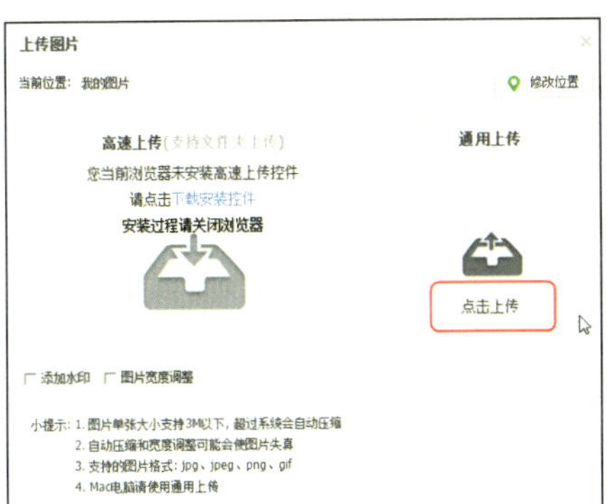

图 9–54　单击“点击上传”按钮

图 9–55　“选择要上载的文件”对话框

（5）单击“打开”按钮，即可成功上传店铺收藏图片，将光标放置在图片上，单击中间的“复制链接”超链接，如图 9–56 所示。

图 9-56　单击“复制链接”超链接

（6）返回到卖家中心，单击“店铺管理”|“店铺装修”超链接，进入店铺装修页面，将光标放置在“客服服务”上面，在下面单击“添加模块”超链接，如图 9-57 所示。

图 9-57　单击“添加模块”超链接

（7）打开“添加模块”对话框，单击“自定义内容区”后面的“添加”按钮，如图 9-58 所示。

（8）单击“确定”按钮，添加自定义内容区域，单击按钮，如图 9-59 所示。

（9）打开“自定义内容区”对话框，单击图片按钮，如图 9-60 所示。

（10）打开“图片”对话框，在图片地址中输入步骤 5 中复制的图片地址，如图 9-61 所示。

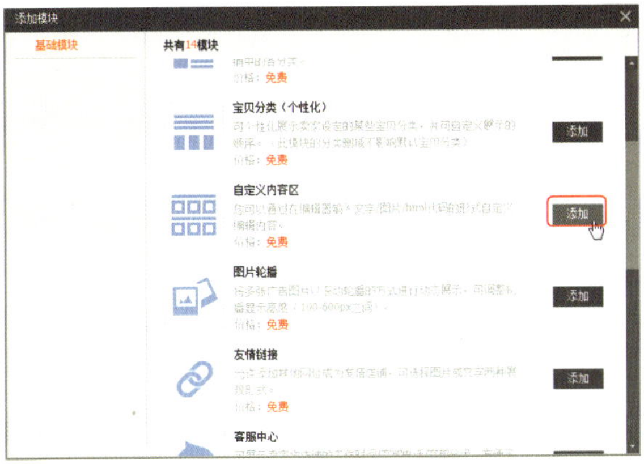

图 9–58　“添加模块”对话框

图 9–59　单击“编辑”按钮

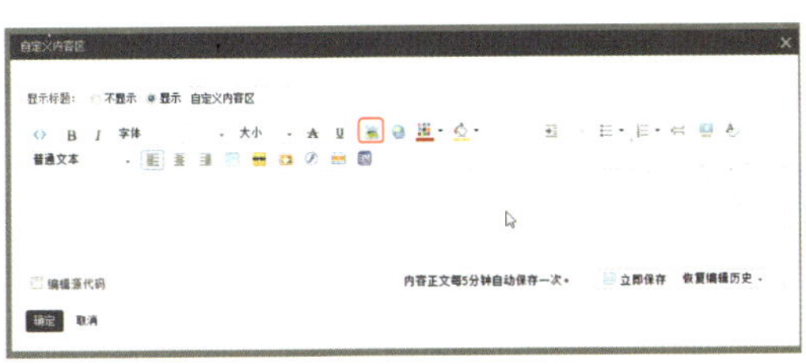

图 9–60　单击图片按钮

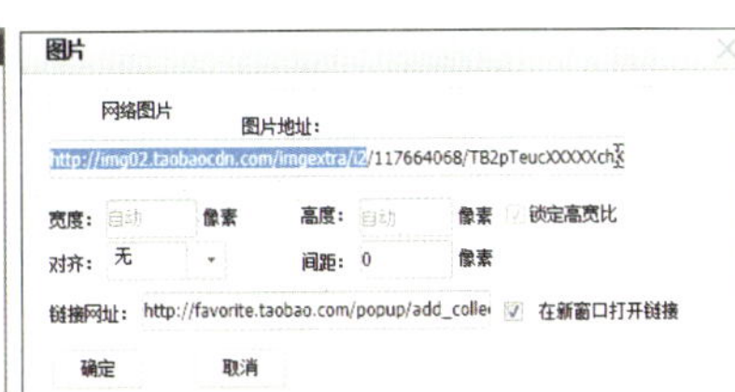

图 9–61　“图片”对话框

（11）单击“确定”按钮，添加店铺收藏图片，在“显示标题”后面勾选“不显示”，如图 9–62 所示。

图 9-62　添加店铺收藏图片

（12）单击“确定”按钮，添加店铺收藏，如图 9-63 所示。

图 9-63　添加店铺收藏

（13）单击右上角的“发布”按钮，即可成功发布店铺，预览店铺效果，如图 9-64 所示。

图 9-64　预览店铺效果

第 126 招　制作“联系我们”图片

本节讲述淘宝店铺中“联系我们”图片的制作，具体操作步骤如下。

（1）启动 Photoshop CC 软件，选择“文件”|“新建”命令，弹出“新建”对话框，将“宽度”设置为 190，“高度”设置为 74，单击“确定”按钮，新建空白文档，如图 9–65 所示。

（2）选择工具箱中的“矩形”工具，在舞台中绘制一白色矩形，如图 9–66 所示。

图 9–65　新建空白文档

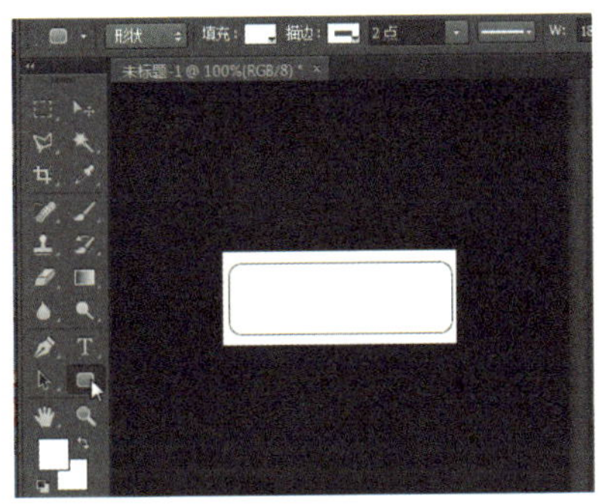

图 9–66　绘制白色矩形

（3）选择“图层”|“图层样式”|“投影”命令，弹出“图层样式”对话框，将“不透明度”设置为 30，“大小”设置为 5，如图 9–67 所示。

（4）单击勾选“渐变叠加”选项，设置渐变叠加颜色，如图 9–68 所示。

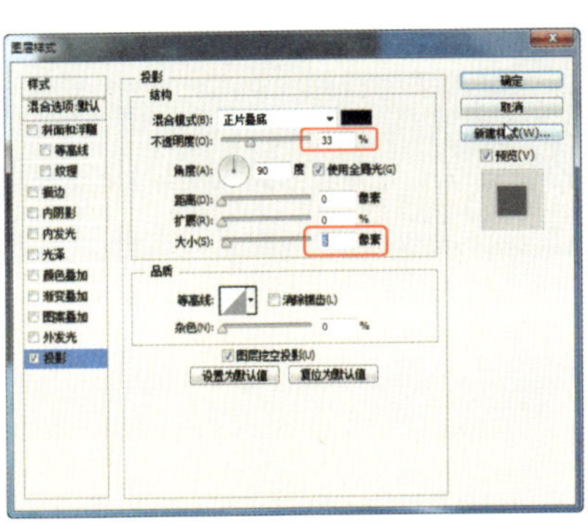

图 9–67　“图层样式”对话框

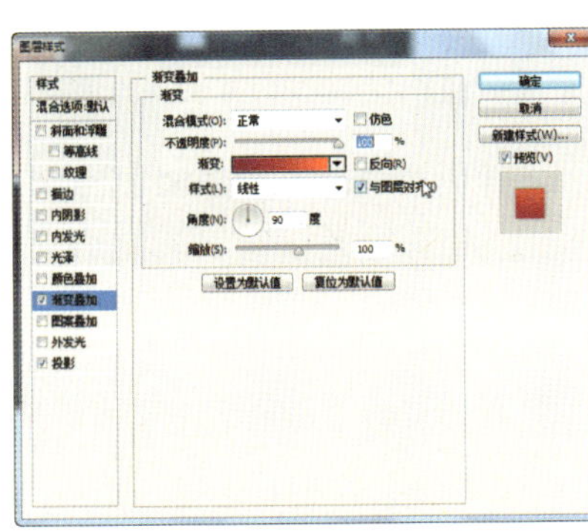

图 9–68　设置渐变叠加颜色

（5）单击勾选“描边”选项，将“大小”设置为2，并设置颜色，如图9-69所示。

（6）单击“确定”按钮，设置图层样式，如图9-70所示。

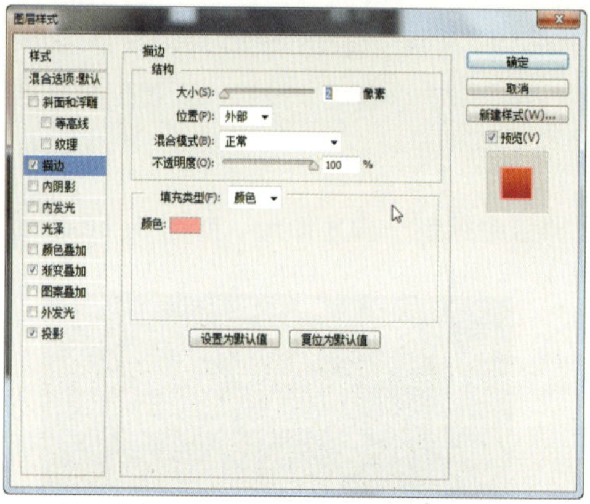

图9-69 设置“描边”选项

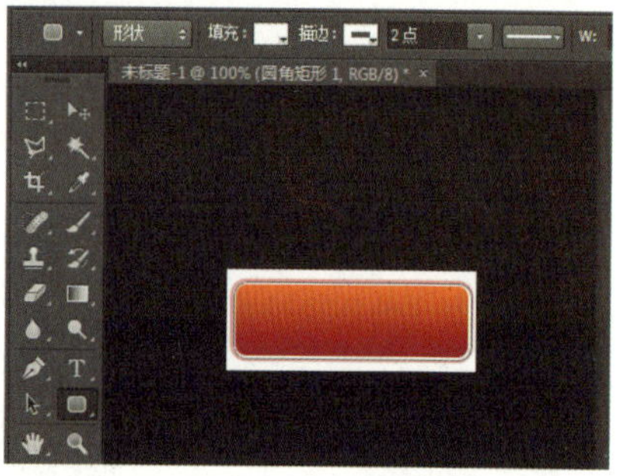

图9-70 设置图层样式

（7）选择工具箱中的“矩形”工具，在舞台中绘制矩形，如图9-71所示。

（8）打开“图层”面板，将图层样式设置为“溶解”，“不透明度”设置为2%，如图9-72所示。

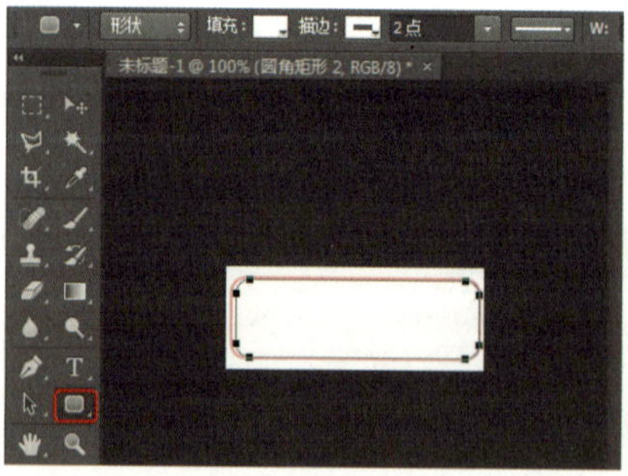

图9-71 绘制矩形

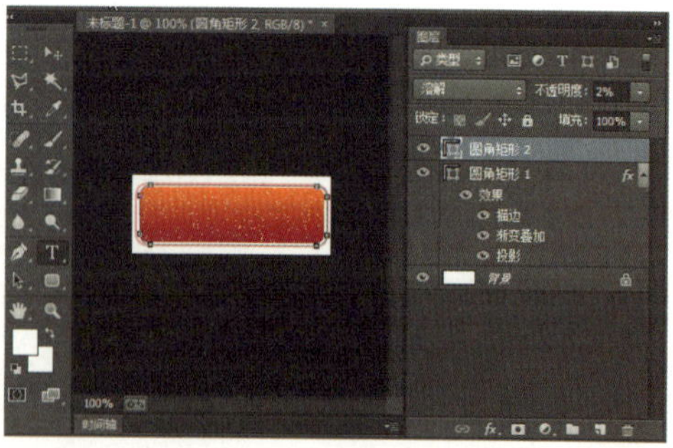

图9-72 设置图层参数

（9）选择工具箱中的“横排文字”工具，在选项栏中将字体设置为“华文隶书”，大小设置为36，在舞台中输入文字“联系我们”，如图9-73所示。

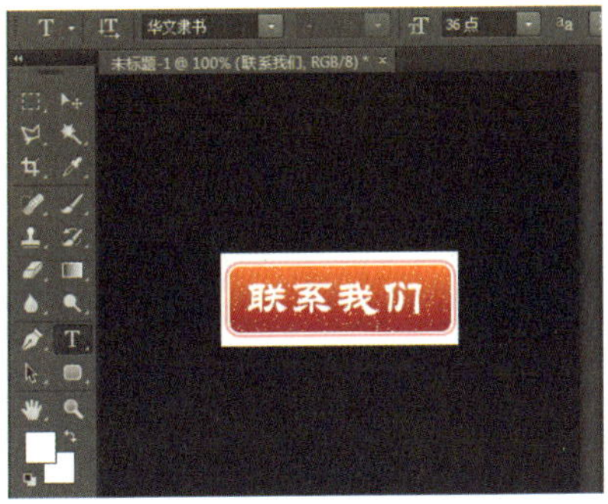

图 9–73　输入文字

第 127 招　店铺公告模板背景图设计

公告栏是发布店铺最新信息、促销信息或店铺经营范围等内容的区域。通过公告栏发布内容，可以方便顾客了解店铺的重要信息。设计店铺公告模板背景的具体操作步骤如下。

（1）启动 Photoshop CC，新建一个空白文档，如图 9–74 所示。

（2）选择工具箱中的“渐变工具”，在选项栏中单击“点按可编辑渐变”按钮，弹出“渐变编辑器”对话框，设置渐变颜色，如图 9–75 所示。

图 9–74　新建文档

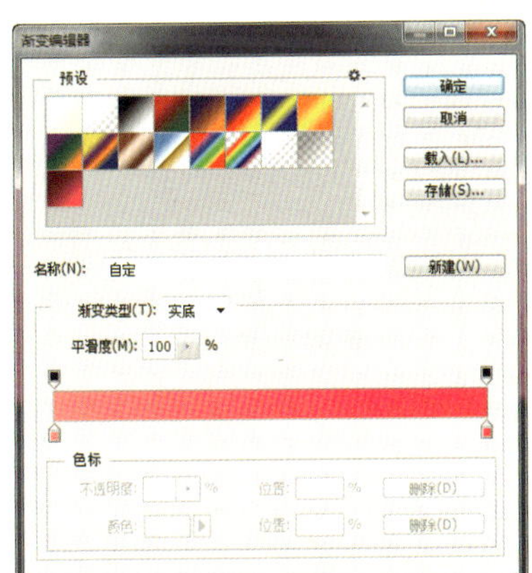

图 9–75　设置渐变颜色

（3）在舞台中填充渐变颜色，如图 9-76 所示。

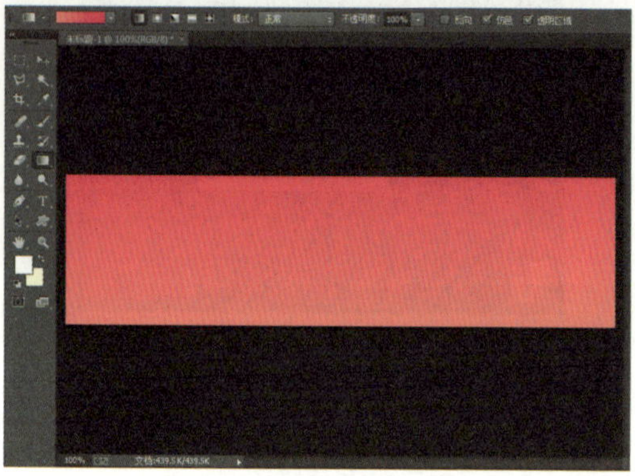

图 9-76　填充渐变颜色

（4）选择“滤镜”|“像素化”|“马赛克”命令，弹出“马赛克”对话框，将“单元格大小”设置为 30，如图 9-77 所示。

（5）单击“确定”按钮，设置马赛克效果，如图 9-78 所示。

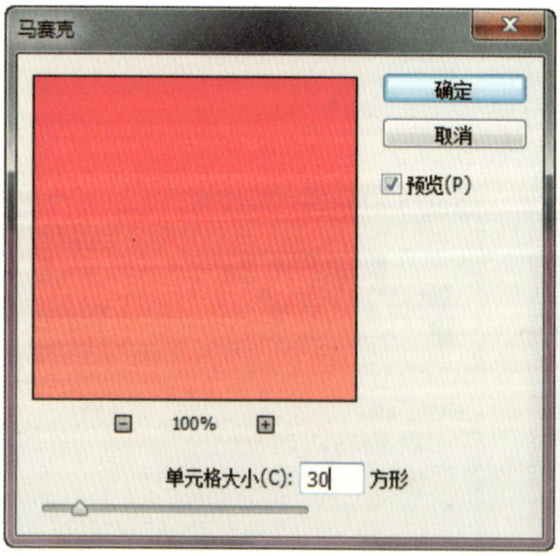

图 9-77　“马赛克”对话框

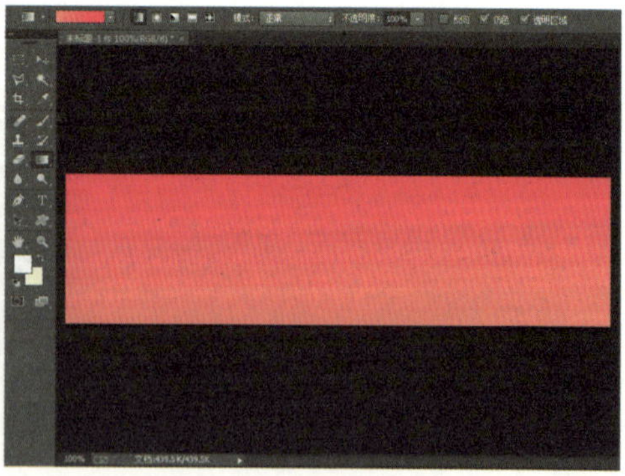

图 9-78　设置马赛克效果

（6）选择“滤镜”|“扭曲”|“水波”命令，弹出“水波”对话框，将“数量”设置为 10，“起伏”设置为 12，如图 9-79 所示。

（7）单击“确定”按钮，设置水波效果，如图 9–80 所示。背景图像制作完成，然后保存文件。

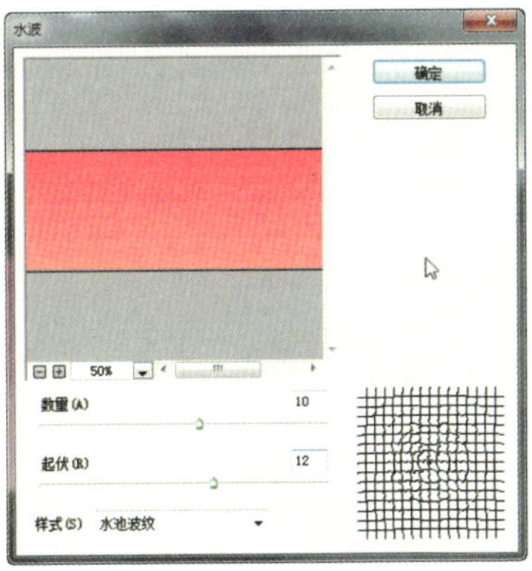

图 9–79　“水波”对话框

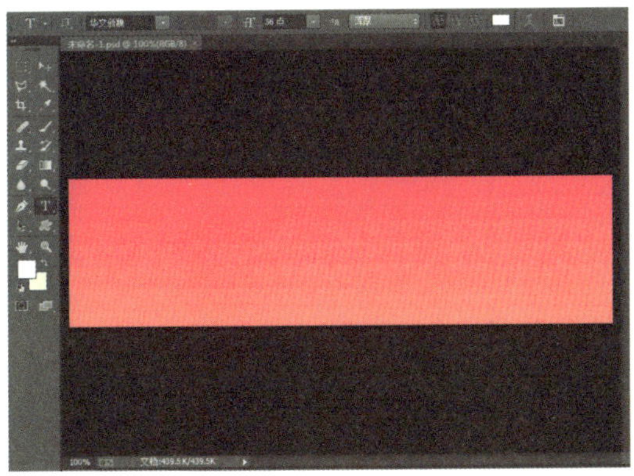

图 9–80　设置水波效果

第 128 招　店铺公告模块背景图片切片

为了更快地下载店铺公告背景图片，可以将其切割为小的图片，具体操作步骤如下。

（1）打开上节制作好的图片，选择工具箱中的“切片”工具，在舞台中按住鼠标左键绘制切片，如图 9–81 所示。

（2）在舞台中按住鼠标左键可以绘制出另外 2 个切片，如图 9–82 所示。

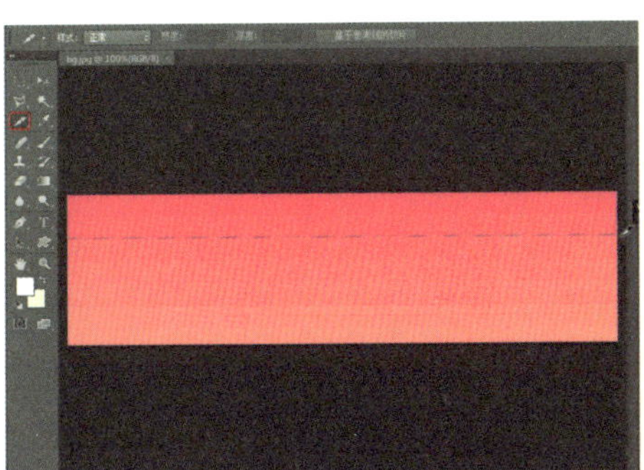

图 9–81　绘制切片

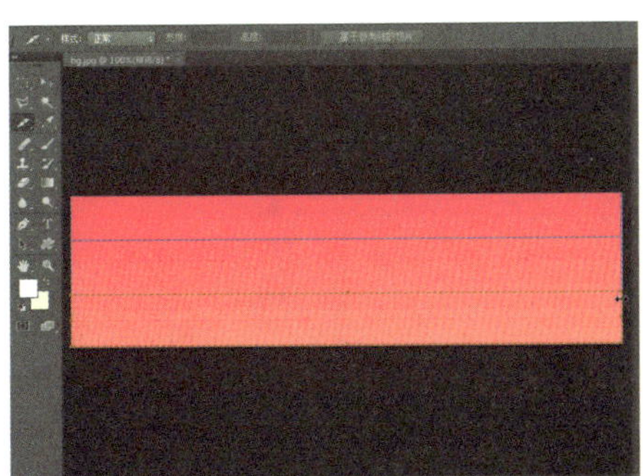

图 9–82　绘制切片

（3）选择“文件”|“存储 Web 所用格式”命令，弹出“存储 Web 所用格式”对话框，将格式设置为 gif，如图 9-83 所示。

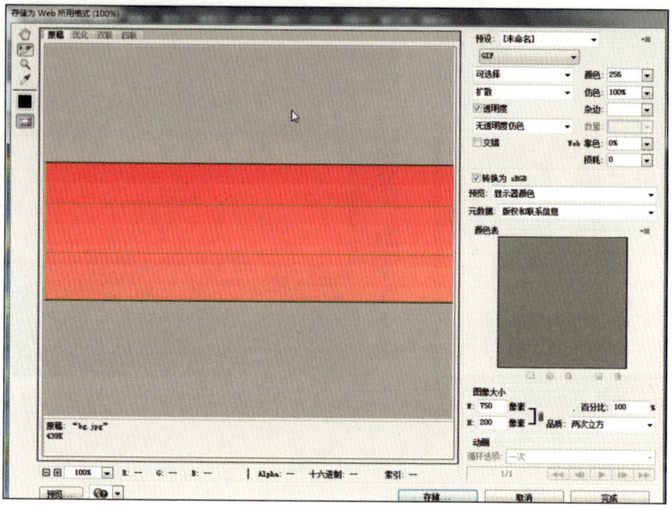

图 9-83 “存储 Web 所用格式”对话框

（4）单击“存储”按钮，弹出“将优化结果存储为”对话框，将“格式”设置为“HTML 和图像”，如图 9-84 所示。

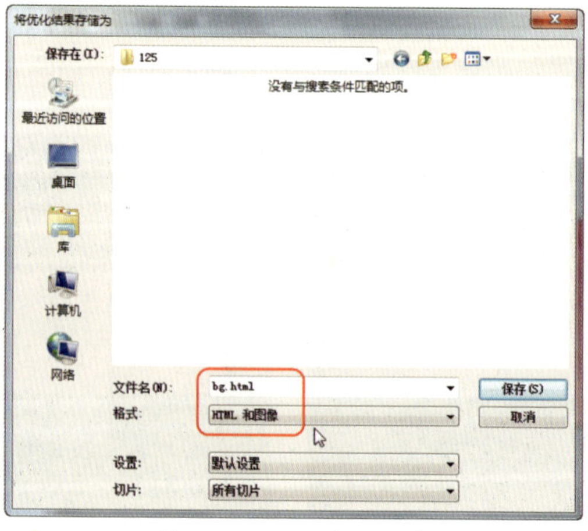

图 9-84 设置渐变颜色

第 129 招　店铺公告模板的代码制作

本节讲述店铺公告模板的代码制作，具体操作步骤如下。

（1）进入卖家中心，单击“店铺管理”|“图片空间”命令，进入淘宝图片空间页面，如图 9-85 所示。

图 9-85　淘宝图片空间

（2）单击“上传图片”按钮，打开上传图片页面，去掉勾选“添加水印”选项，单击“点击上传”按钮，如图 9-86 所示。

（3）打开“选择要上载的文件”对话框，选择图片文件，如图 9-87 所示。

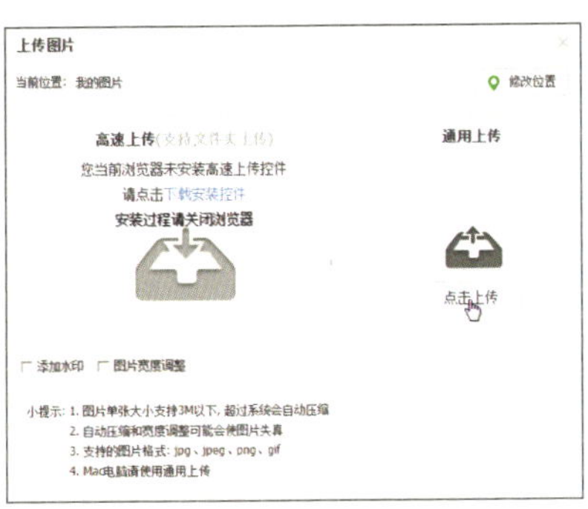

图 9-86　单击“点击上传”按钮

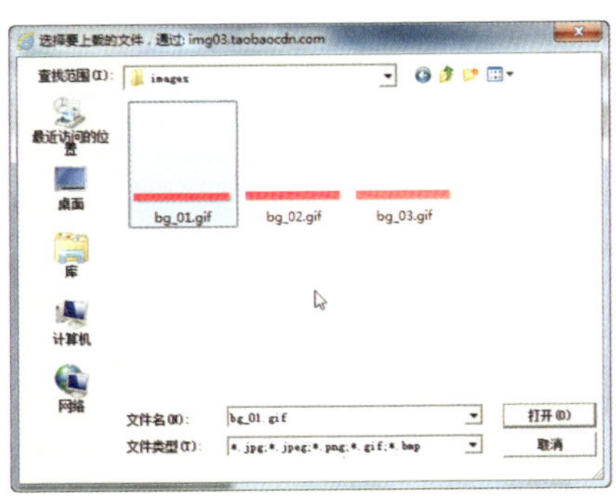

图 9-87　选择图片文件

（4）单击“打开”按钮，添加图片文件，如图 9-88 所示。

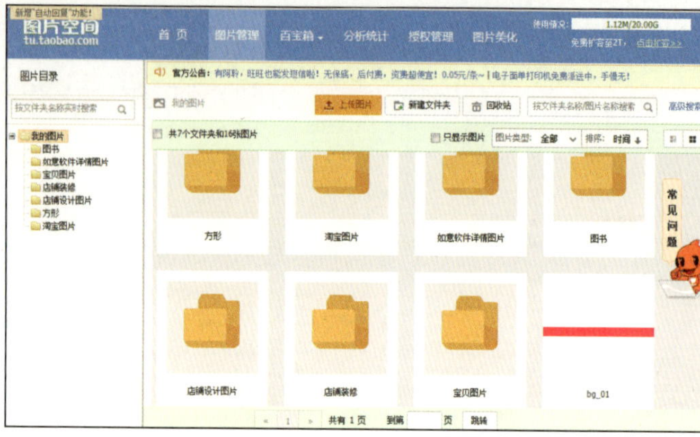

图 9-88　添加图片文件

（5）同步骤（1）~（4）添加另外 2 个图片文件，将鼠标放置在图片上，单击底部的“复制链接”图标，复制链接地址，如图 9-89 所示。

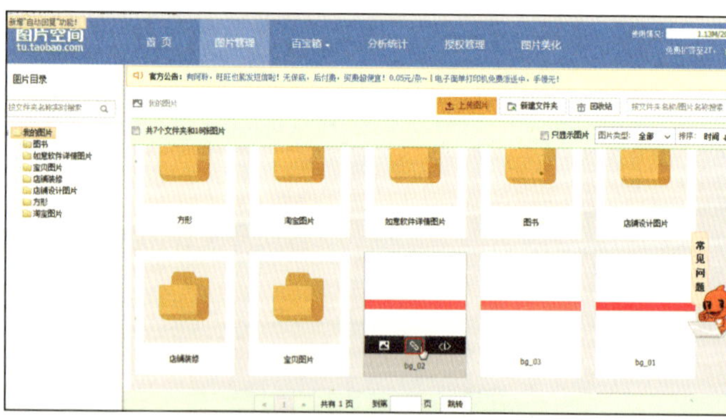

图 9-89　复制链接地址

（6）新建一个记事本文件，将复制的 3 张图片的链接地址粘贴到记事本上面，如图 9-90 所示。

（7）启动 Dreamweaver CC，打开“店铺公告模块背景图片切片”完成后的 bg.html 文件，如图 9-91 所示。

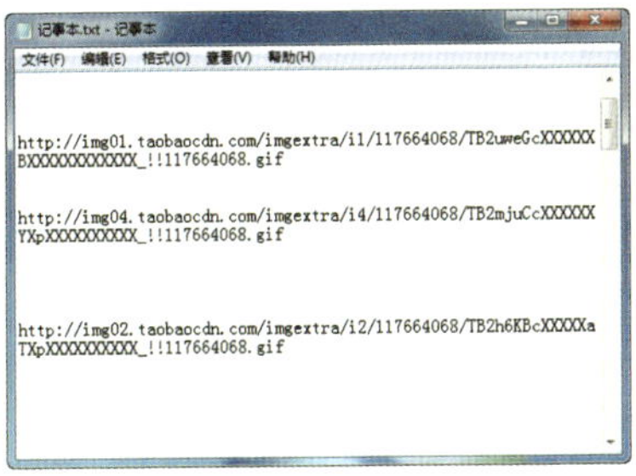

图 9-90　粘贴地址

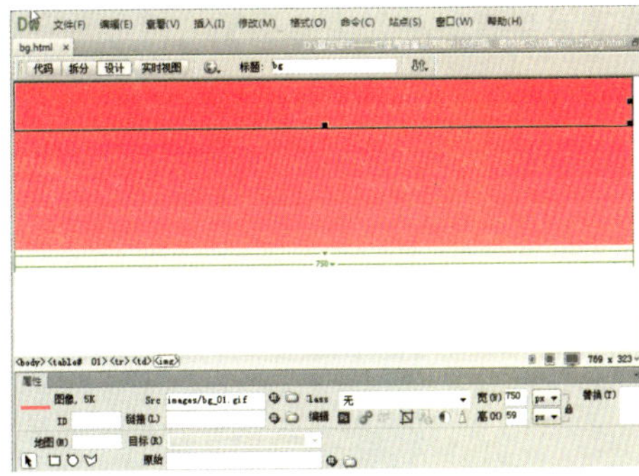

图 9-91　打开 bg.html 文件

（8）打开选择图片文件，打开代码视图将背景图片修改为背景颜色，将背景图片地址修改为记事本中复制的网上地址，如图 9-92 所示。

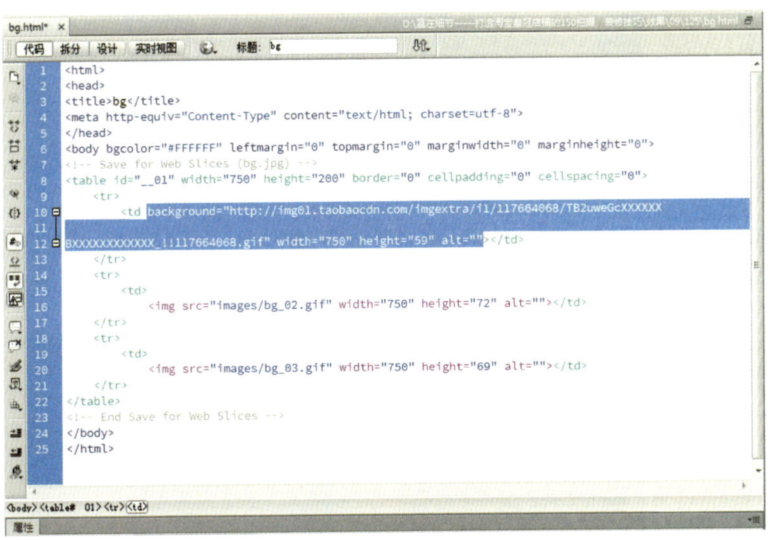

图 9-92　修改代码

（9）将下面的 2 张图片文件也修改为背景图片，也将地址修改为记事本中复制的 2 个地址，如图 9-93 所示。

（10）选择表格中的所有代码，按 Ctrl+C 键复制代码，如图 9-94 所示。

图 9-93 修改代码

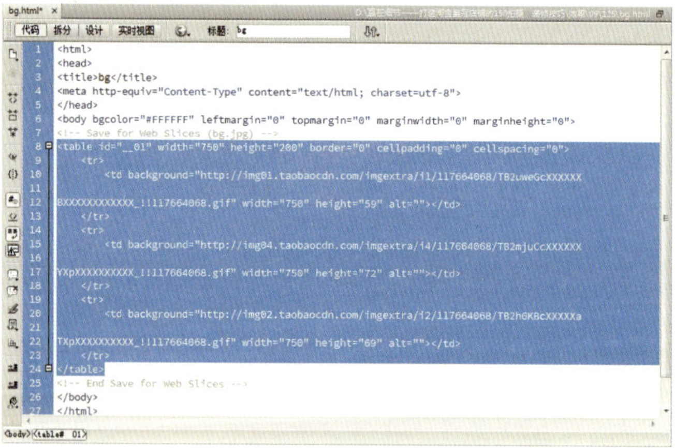

图 9-94 复制代码

第 130 招 店铺公告的设置

下面讲述店铺公告的设置，具体操作步骤如下。

（1）登录淘宝卖家中心，进入店铺装修页面，将光标放置在“店铺公告”上面，单击“编辑”按钮，如图 9-95 所示。

图 9-95　单击“编辑”按钮

（2）打开“店铺公告”对话框，单击左下角的“编辑源代码”选项，如图 9-96 所示。

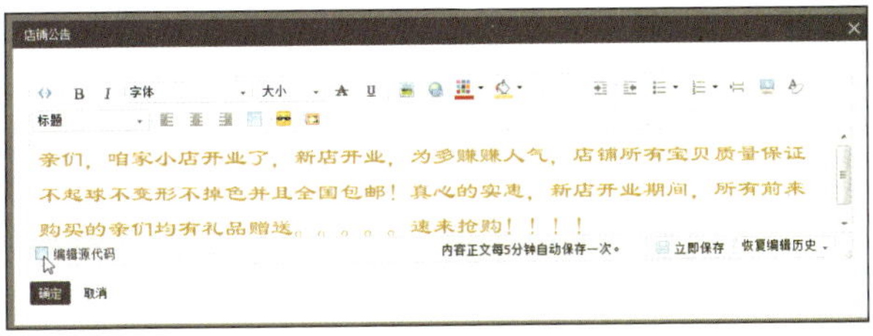

图 9-96　单击“编辑源代码”选项

（3）删除原有的代码，将上节复制的代码粘贴到编辑框中，如图 9-97 所示。

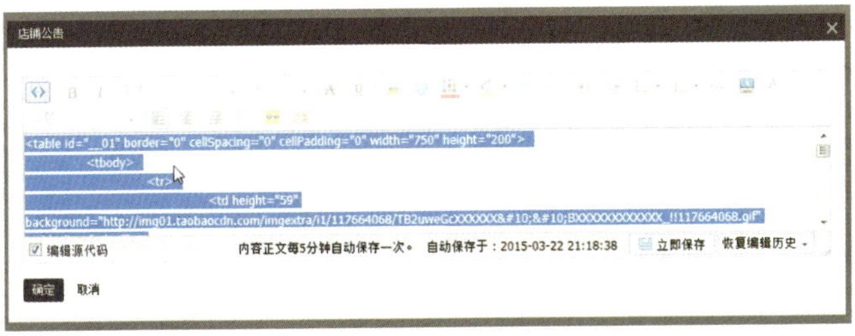

图 9-97　粘贴代码

（4）单击“确定”按钮，添加背景颜色，在背景上面输入店铺公告文本，如图 9-98 所示。

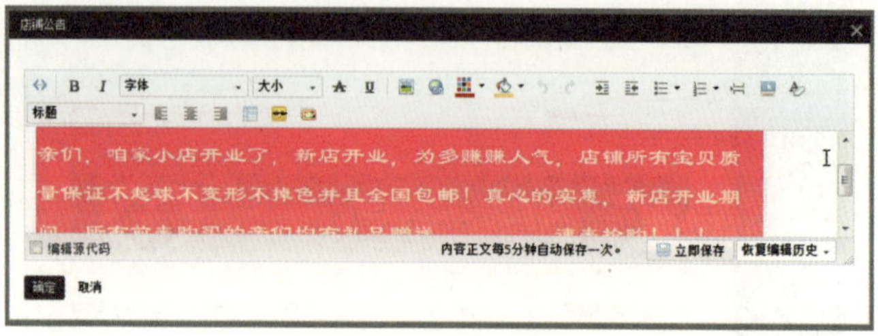

图 9-98　设置渐变颜色

（5）单击“确定”按钮，即可成功设置店铺背景颜色，如图 9-99 所示。单击右上角的“发布”按钮，即可成功发布预览店铺效果。

图 9-99　设置店铺背景颜色，点击发布

第 131 招　左侧商品促销广告

下面讲述店铺左侧商品促销广告的具体应用，具体操作步骤如下。

（1）启动 Photoshop 新建一个空白文档，选择工具箱中的“矩形”工具，在舞台中绘制矩形，如图 9-100 所示。

（2）选择“图层”|“图层样式”|“混合选项”命令，弹出“图层样式”对话框，单击左侧的“样式”选项，在弹出的列表框中选择合适的样式，如图 9-101 所示。

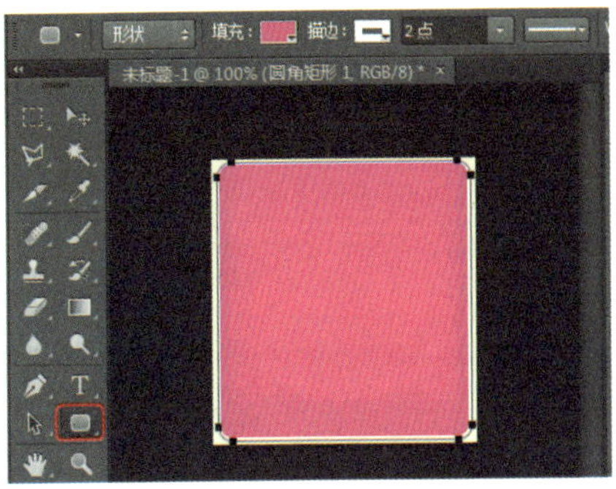

图 9-100　绘制矩形

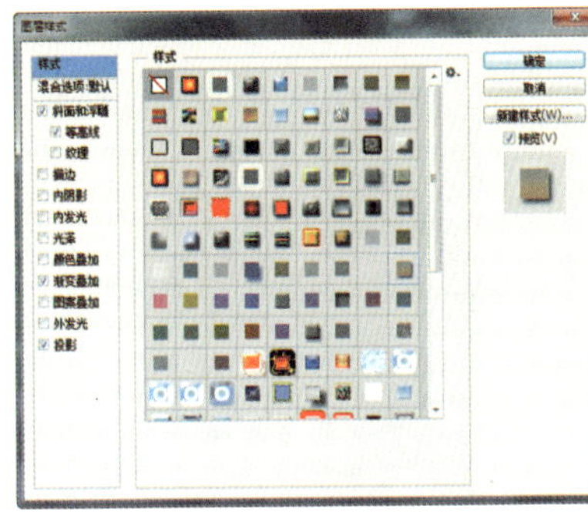

图 9-101　选择样式

（3）单击“确定”按钮，设置图层样式效果，如图 9-102 所示。

（4）选择工具箱中的“椭圆”工具，在舞台中绘制一粉色椭圆，如图 9-103 所示。

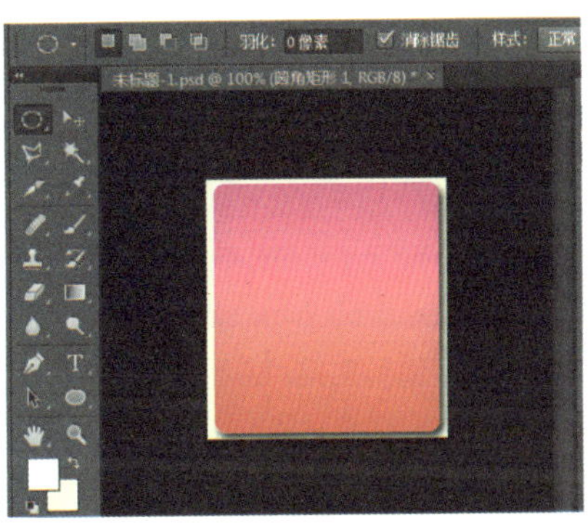

图 9-102　设置图层样式

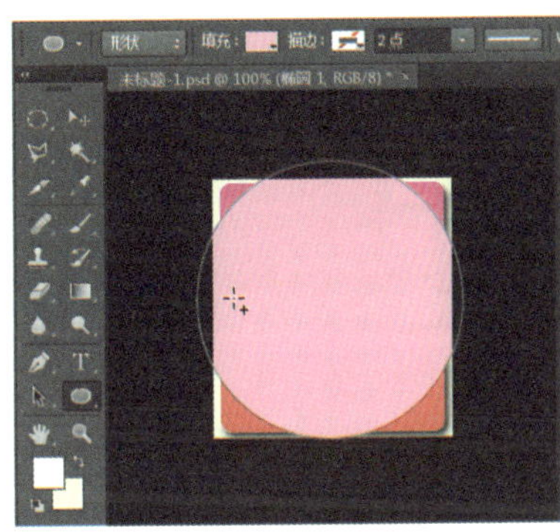

图 9-103　绘制椭圆

（5）打开“图层”面板，单击选中椭圆，右击鼠标在弹出的列表中选择“栅格化图层”选项，如图 9-104 所示。

（6）选择栅格化图层以后，选择工具箱中的“椭圆选框”工具，在舞台中选择区域，按 Delete 键删除选区，如图 9-105 所示。

（7）同步骤（4）~ 步骤（6）所示绘制椭圆，然后栅格化椭圆删除选区，在“图层”面板中将这 4 个椭圆的“不透明度设置”为 20%，如图 9-106 所示。

（8）设置完以后效果如图 9-107 所示。

图 9-104 选择“栅格化图层”选项

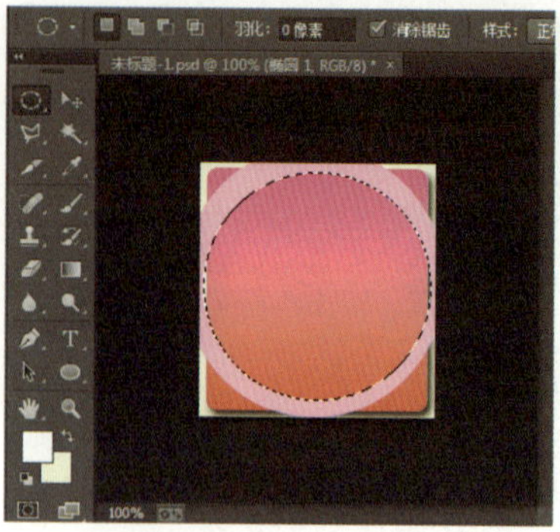

图 9-105 删除选区

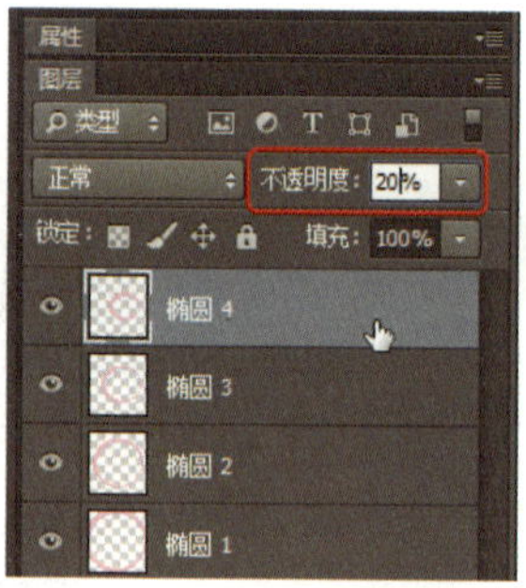

图 9-106 设置不透明度

图 9-107 不透明度效果

（9）选择工具箱中的“横排文字”工具，在舞台中输入文字“秋冬来袭”，如图 9-108 所示。

（10）选择“图层”|“图层样式”|“混合选项”命令，弹出“图层样式”对话框，将左侧单击“样式”选项，选择合适的样式，如图 9-109 所示。

（11）单击“确定”按钮，设置图层样式效果，如图 9-110 所示。

（12）选择工具箱中的“横排文字”工具，在舞台底部输入文字，如图 9-111 所示。

（13）选择“图层”|“图层样式”|“描边”命令，弹出“图层样式”对话框，设置描边颜色为绿色，如图 9-112 所示。

（14）单击“确定”按钮，设置文本描边颜色效果，如图 9-113 所示。

图 9-108　输入文字

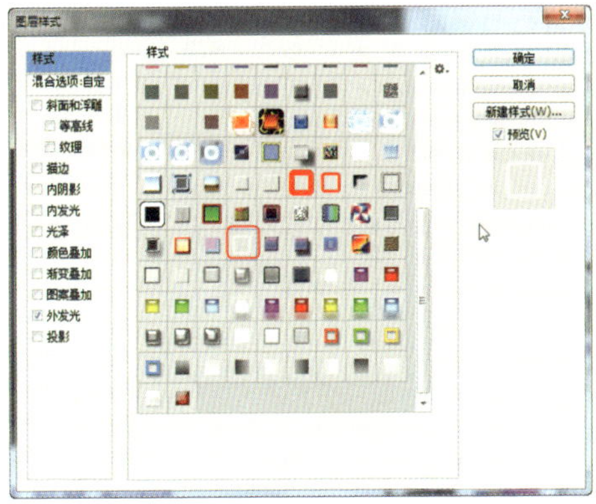

图 9-109　选择样式

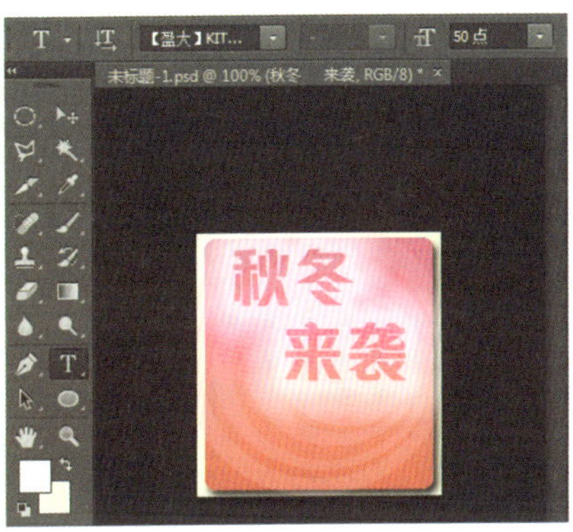

图 9-110　设置图层样式效果

图 9-111　输入文字

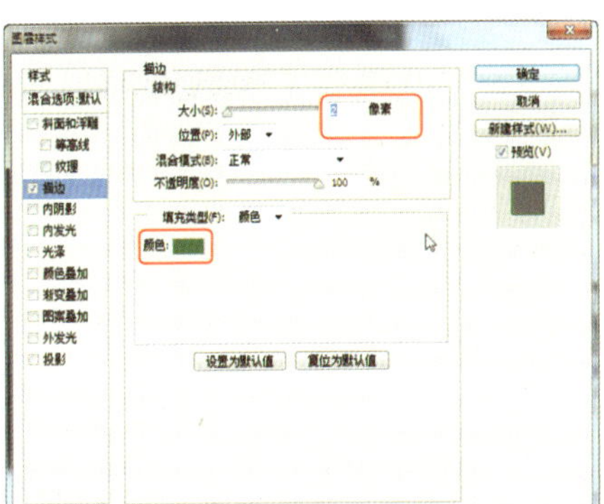

图 9-112　“图层样式”对话框

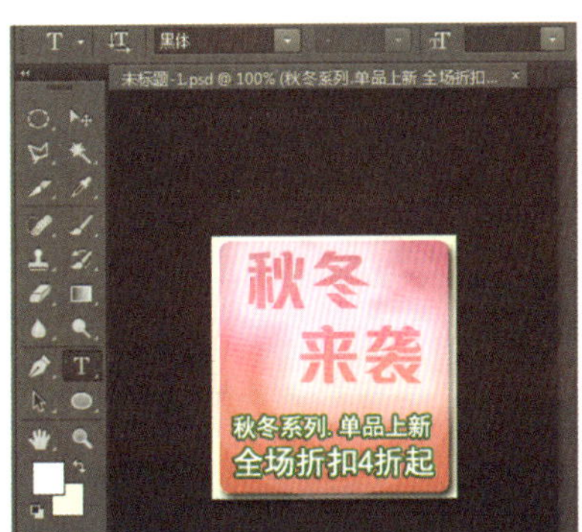

图 9-113　设置文本描边颜色

第 132 招 促销广告的上传

本节讲述促销广告的上传，具体操作步骤如下。

（1）登录淘宝卖家中心，单击“店铺管理”|“图片空间”超链接，进入图片空间页面，如图 9–114 所示。

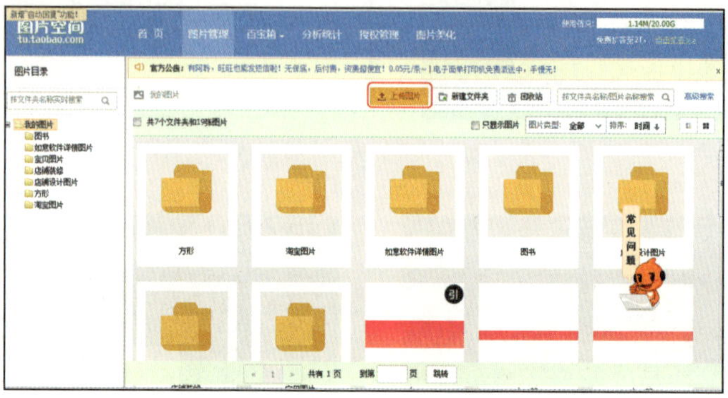

图 9–114 图片空间页面

（2）单击“上传图片”按钮，打开“上传图片”页面，单击右下角的“点击上传”按钮，如图 9–115 所示。

（3）打开“选择要上载的文件”对话框，选择制作好的促销广告图片，如图 9–116 所示。

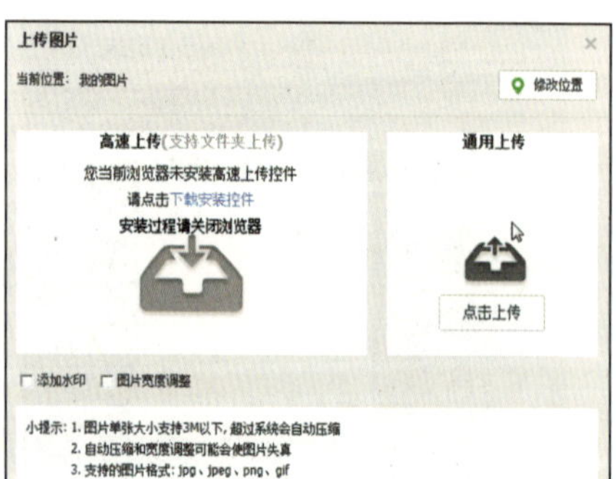

图 9–115 单击“点击上传”按钮

图 9–116 “选择要上载的文件”对话框

（4）单击“打开”按钮，成功上传文件，单击底部的“复制代码”超链接，如图 9–117 所示。

图 9–117　单击“复制代码”超链接

（5）返回到卖家中心，进入店铺装修页面，将光标放置在“店铺收藏”图片上，单击底部的“添加模块”按钮，如图 9–118 所示。

图 9–118　单击“添加模块”按钮

（6）打开“添加模块”对话框，单击“自定义内容”右击的“添加”按钮，如图 9–119 所示。

（7）选中以后添加“自定义内容”模块，单击按钮，如图 9–120 所示。

（8）选择以后打开“自定义内容区”对话框，单击勾选底部的“编辑源代码”按钮，将步骤（4）复制的代码粘贴到编辑框中，如图 9–121 所示。

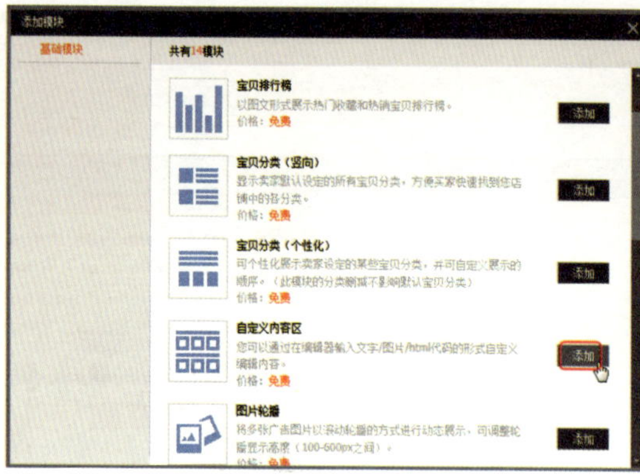

图 9-119　单击“添加”按钮

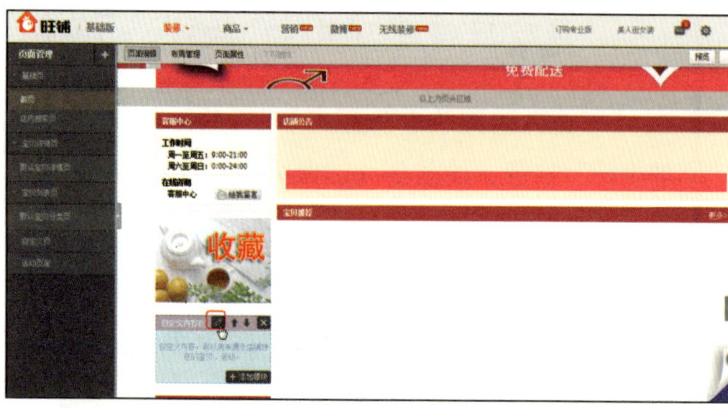

图 9-120　添加“自定义内容”模块

图 9-121　粘贴代码

（9）单击“确定”按钮，即可成功添加促销广告代码，如图 9-122 所示。单击右上角的“发布”按钮，即可成功发布预览店铺效果。

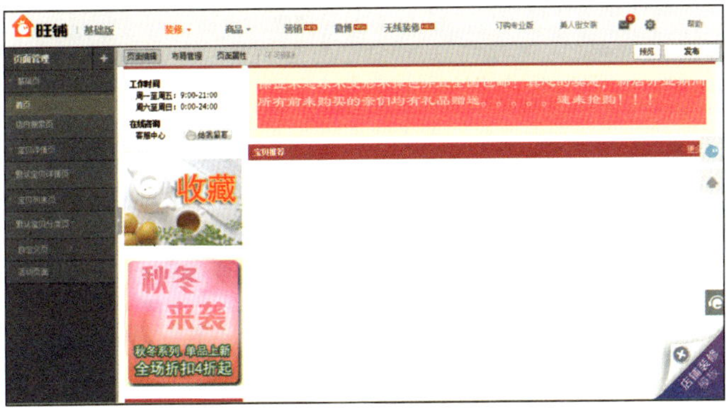

图 9-122 添加广告模块

第 133 招 图片轮播促销广告

淘宝图片轮播广告是很受卖家们欢迎的促销广告形式，对于产品展示和店铺的动态效果都能起到很好的作用，具体操作步骤如下。

（1）登录淘宝卖家中心，单击“店铺管理” | “图片空间”超链接，进入图片空间页面，如图 9-123 所示。

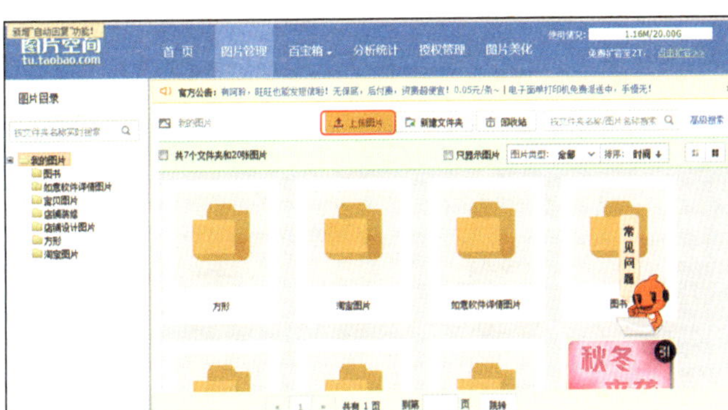

图 9-123 图片空间页面

（2）单击“上传图片”按钮，打开“上传图片”页面，单击“高速上传”下面的“点击上传”按钮，如图 9-124 所示。

（3）打开“添加文件”对话框，选择自己商品存储的位置，单击勾选商品图片，如图 9-125 所示。

（4）单击“选好了”按钮，成功添加上传文件，单击底部的“立即上传”超链接，如图 9-126 所示。

（5）点击后即可成功上传图像文件，如图 9-127 所示。

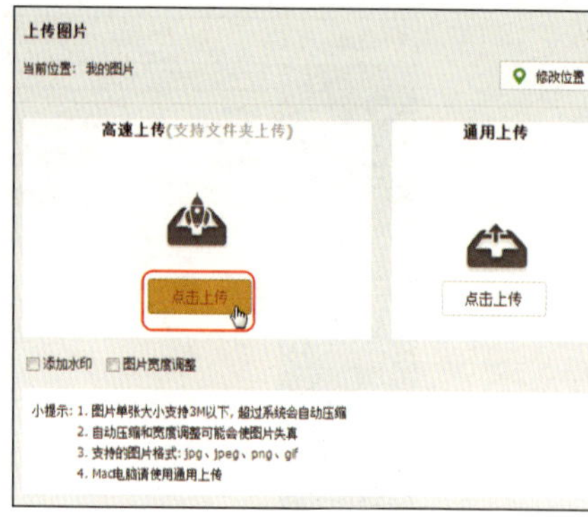

图 9-124　单击“点击上传”按钮

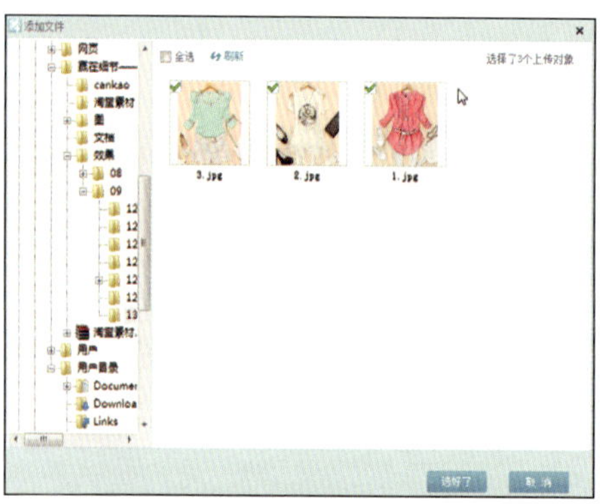

图 9-125　“添加文件”对话框

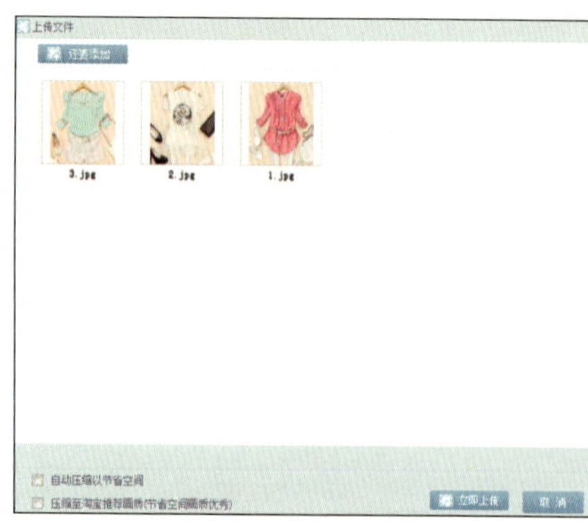

图 9-126　单击“立即上传”超链接

图 9-127　成功上传图像

（6）返回到卖家中心，单击“店铺管理”|“店铺装修”超链接，进入店铺装修页面，将光标放置在“促销广告”图像上，单击底部的“添加模块”按钮，如图 9–128 所示。

（7）打开“添加模块”对话框，单击“图片轮播”右击的“添加”按钮，如图 9–129 所示。

图 9–128　单击“添加模块”按钮

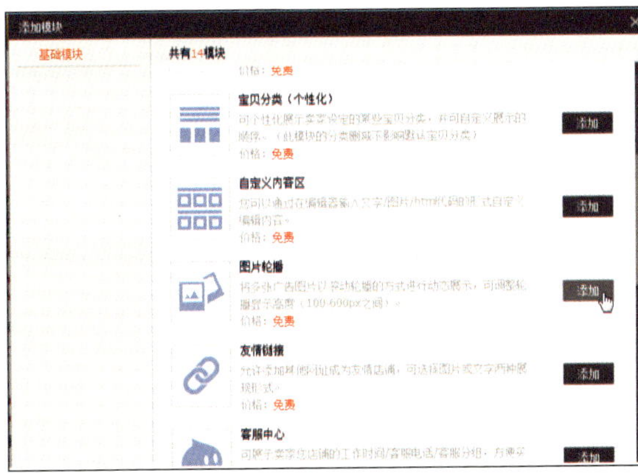

图 9–129　“添加模块”对话框

（8）选中以后添加“图片轮播”模块，单击按钮，如图 9–130 所示。

（9）选择以后打开“图片轮播”对话框，单击图像地址右边的按钮，如图 9–131 所示。

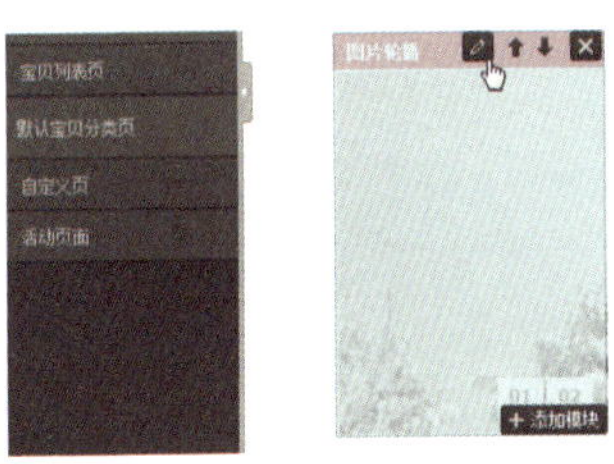

图 9–130　添加“图片轮播”

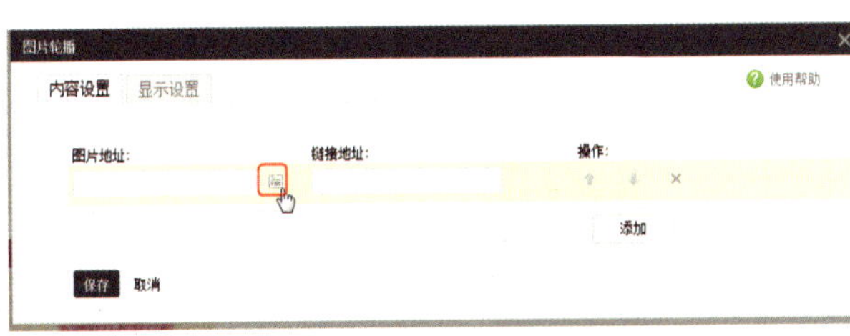

图 9–131　“图片轮播”对话框

（10）在下面单击“从图片空间选择”超链接，在下面选择上传的第 1 张图像，如图 9–132 所示。

（11）单击右下角的“添加”按钮，添加图片地址，单击右边的按钮，选择上传的第2张图像，单击右下角的“添加”按钮，添加图片地址，单击右边的按钮，选择上传的第3张图像，如图9-133所示。

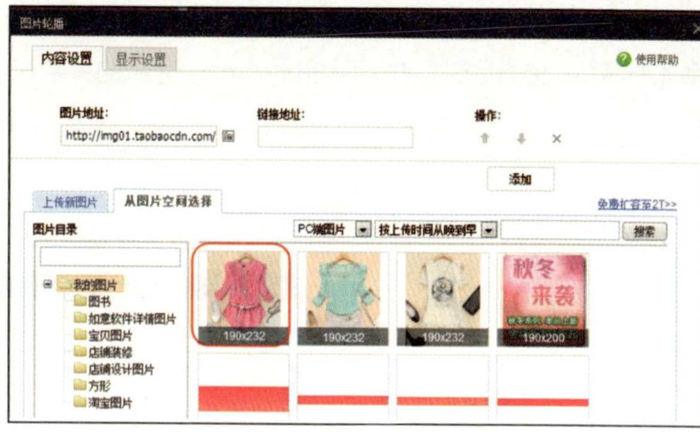

图 9-132　选择图像

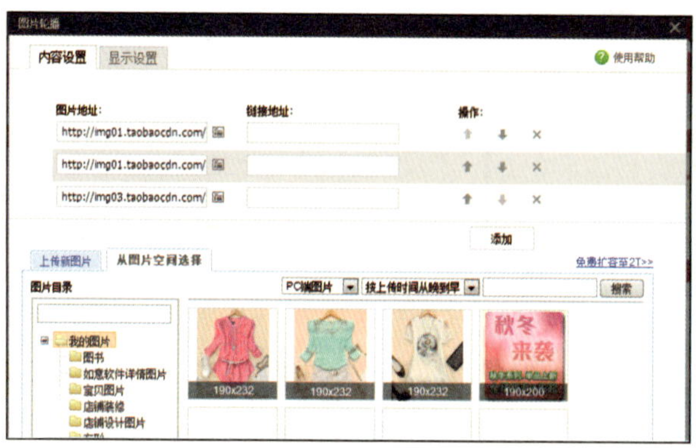

图 9-133　添加图片

（12）单击“保存”按钮，即可成功图片轮播，如图9-134所示。单击右上角的“发布”按钮，即可成功发布预览店铺效果。

图 9-134　图片轮播

第 134 招　宝贝主分类的添加

在淘宝店铺中，可以创建多个商品分类，并且每个分类下还可以嵌套多个子类别。具体操作步骤如下。

（1）登录淘宝卖家中心，单击“店铺管理”|“宝贝分类管理”超链接，如图 9–135 所示。

（2）进入到宝贝分类页面，单击“添加手工分类”按钮，如图 9–136 所示。

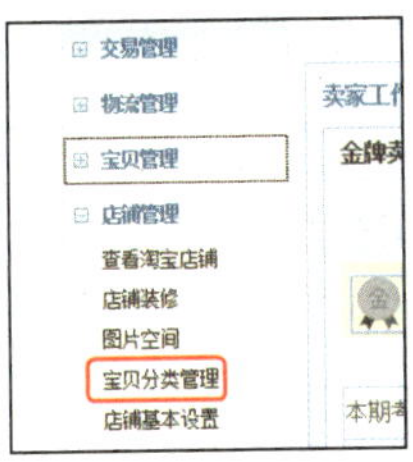

图 9–135　单击“宝贝分类”超链接

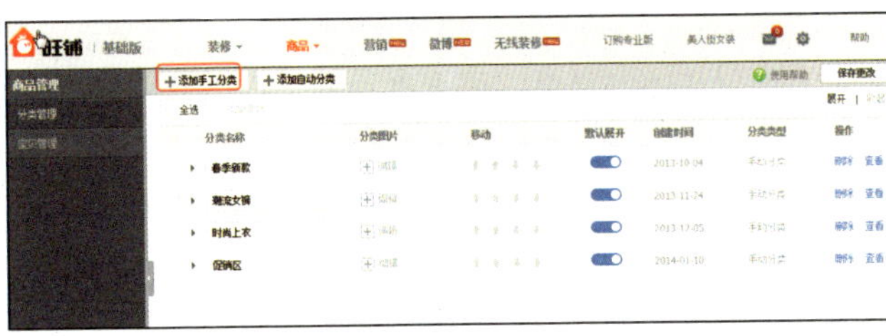

图 9–136　宝贝分类页面

（3）在下面添加一个分类文本框，在文本框中输入分类的名称即可，如图 9–137 所示。

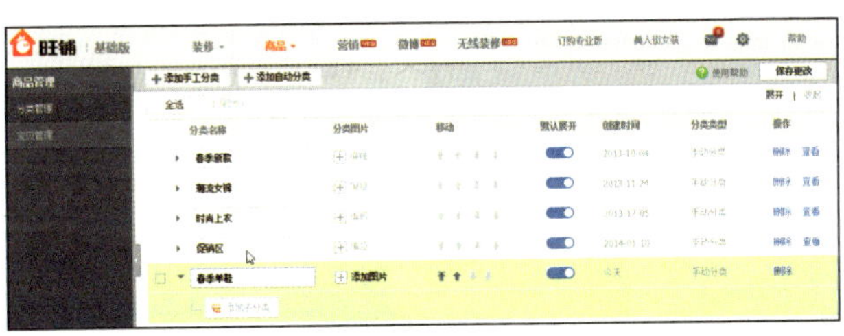

图 9–137　输入文本分类

（4）单击右上角的“保存更改”按钮，即可成功更改宝贝分类，如图 9–138 所示。

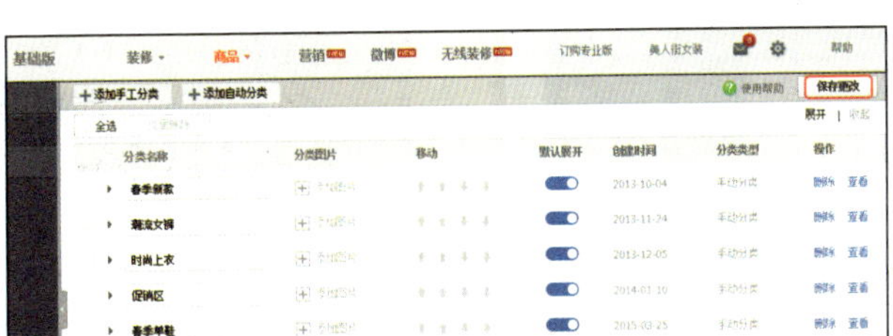

图 9–138　更改宝贝分类

第 135 招 宝贝子分类图片的制作

本节讲述宝贝子分类图片的制作，下面讲述具体操作步骤。

（1）启动 Photoshop cc 新建一空白文档，选择工具箱中的矩形工具，在选项栏中将填充颜色设置为浅绿色，如图 9–139 所示。

（2）在舞台中按住鼠标左键绘制矩形，如图 9–140 所示。

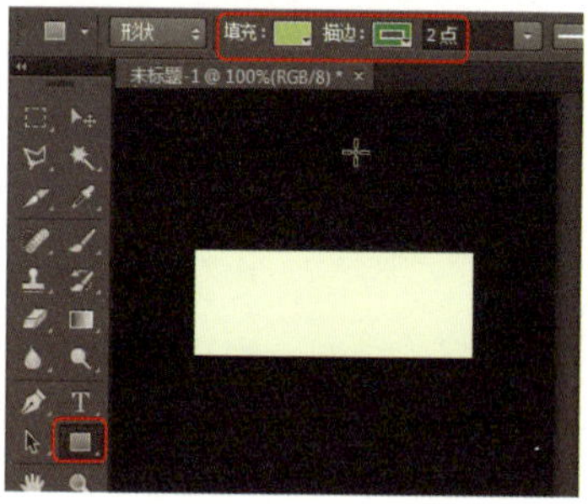

图 9–139 设置矩形属性

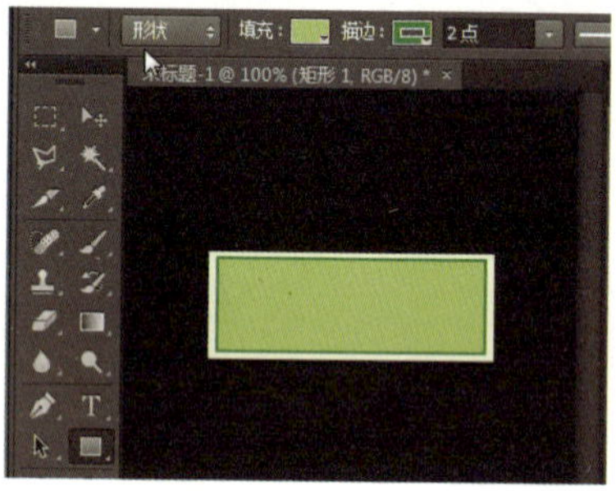

图 9–140 绘制矩形

（3）在选项栏中单击“描边选项”按钮，在弹出的列表中选择描边选项为虚线，如图 9–141 所示。

（4）设置以后即可将描边设置为虚线效果，如图 9–142 所示。

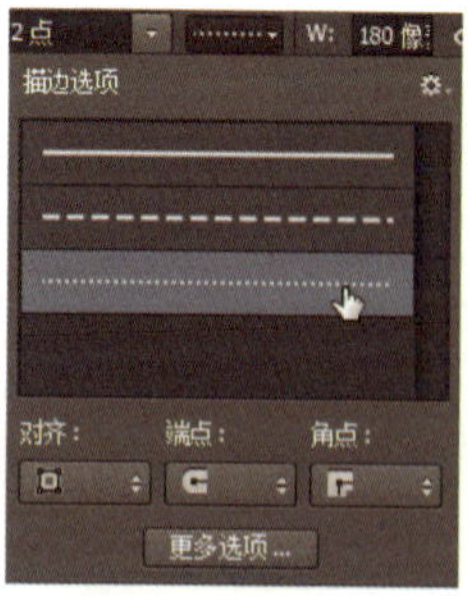

图 9–141 设置描边选项

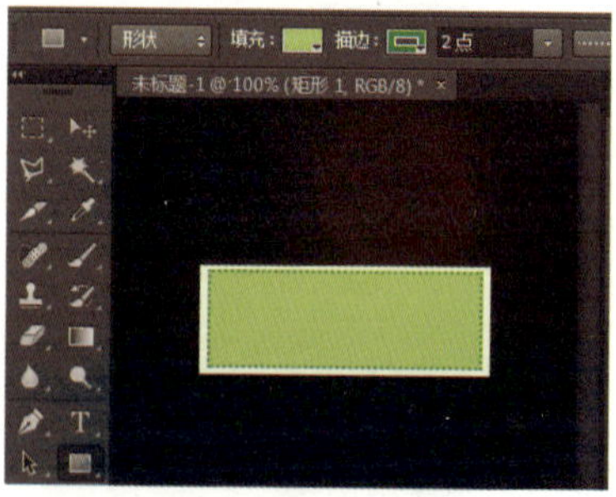

图 9–142 设置描边虚线效果

（5）选择工具箱中的“自定义形状”工具，在选项栏中单击“形状”按钮，在弹出的列表中选择合适的形状，如图 9–143 所示。

（6）在舞台中按住鼠标左键绘制形状，如图 9–144 所示。

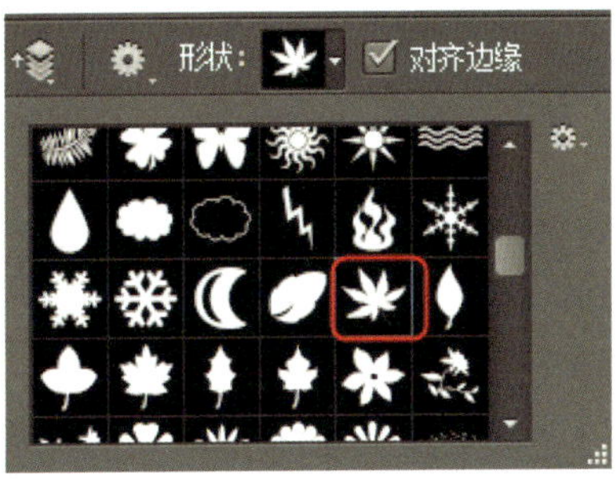

图 9–143　选择形状

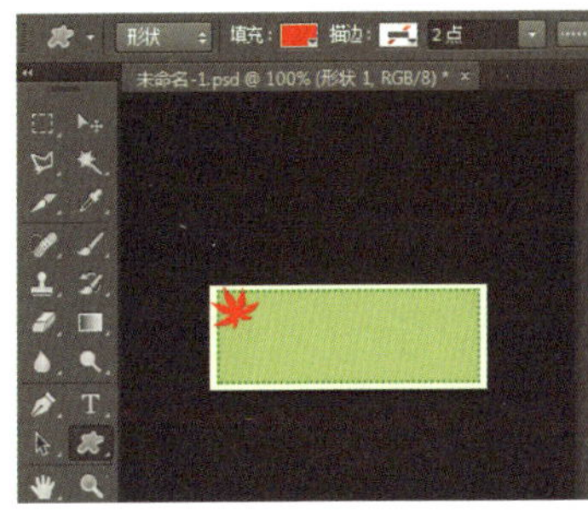

图 9–144　绘制形状

（7）选择“图层”|“图层样式”|“外发光”选项，弹出“图层样式”对话框，设置“外发光”参数，如图 9–145 所示。

（8）单击“确定”按钮，完成设置。图 9–146 所示为外发光效果。

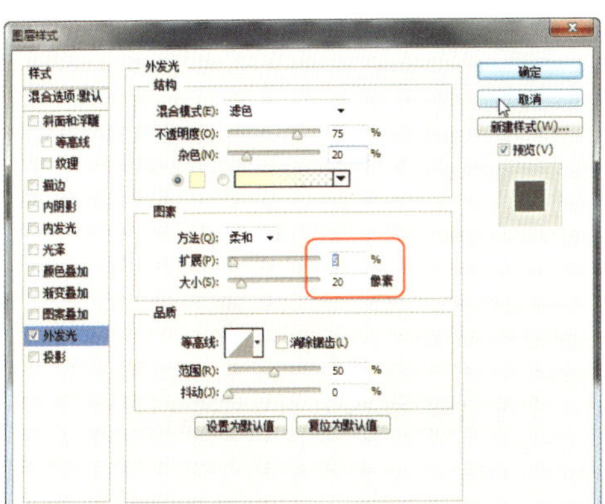

图 9–145　设置“外发光”参数

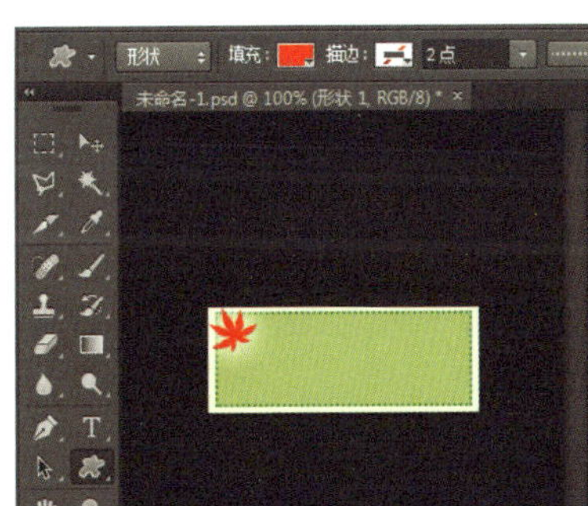

图 9–146　外发光效果

（9）选择工具箱中的“横排文字”工具，在舞台中输入文字“春季新款”，如图 9–147 所示。

（10）选择“图层”|“图层样式”|“描边”命令，弹出“图层样式”对话框，将描边颜色设置为白色，单击“确定”按钮，设置描边效果，如图 9–148 所示。

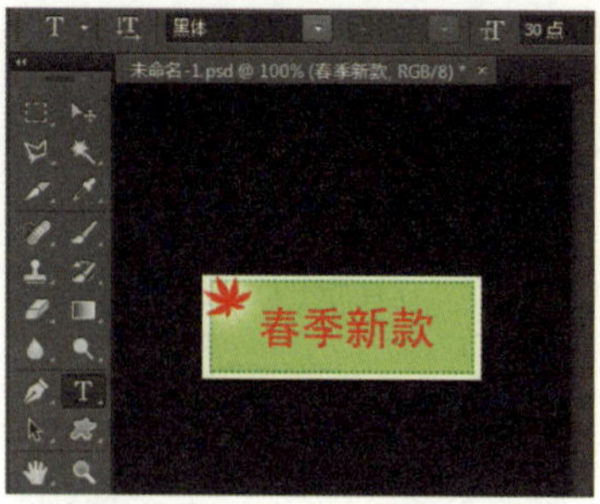

图 9-147 添加文字

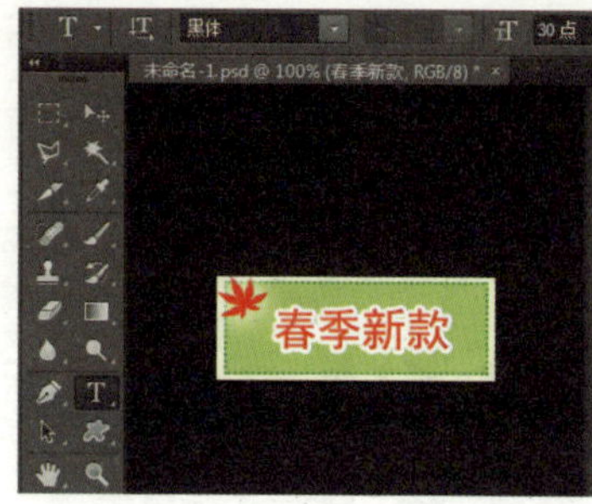

图 9-148 设置描边效果

第 136 招 宝贝子分类图片的应用

本节讲述宝贝子分类图片的应用，具体操作步骤如下。

（1）登录淘宝卖家中心，单击“店铺管理” | “图片空间”超链接，进入图片空间页面，单击“上传图片”按钮，上传制作好的图片文件，如图 9-149 所示。

图 9-149 上传图片

（2）进入卖家中心，单击“店铺管理” | “宝贝分类管理”超链接，进入宝贝分类管理页面，如图 9-150 所示。

（3）单击“春季新款”后面的“添加图片”按钮，在弹出的列表框中选择“从图片空间选择”选项，在打开的图片空间中选择图像“春季新款”，如图 9-151 所示。

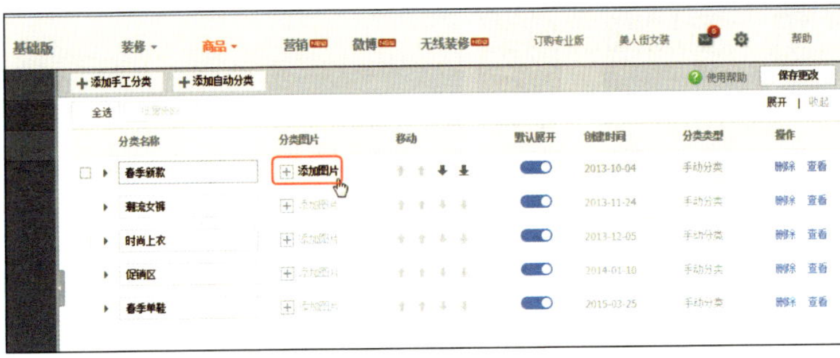

图 9-150　宝贝分类管理页面

（4）选择以后即可成功添加分类图片效果，如图 9-152 所示。

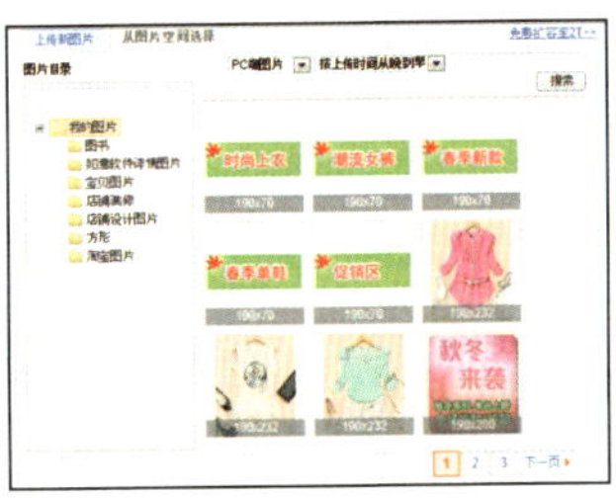

图 9-151　选择图片

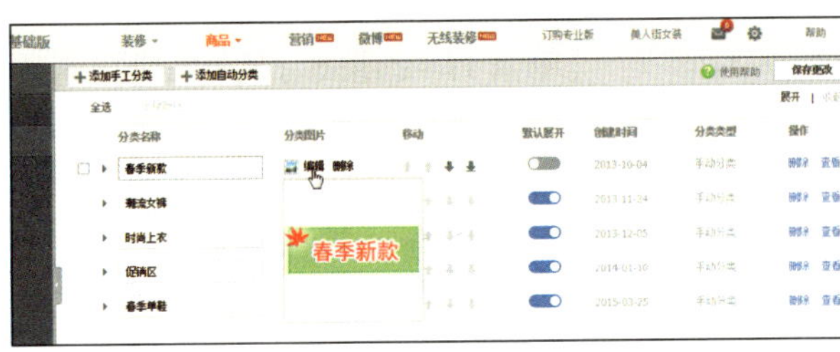

图 9-152　添加分类图片效果

（5）同步骤（2）~ 步骤（4）在分类名称后面单击“添加图片”按钮，在弹出的列表框中选择“从图片空间选择”选项，在打开的图片空间中选择对应的分类图像，如图 9-153 所示。

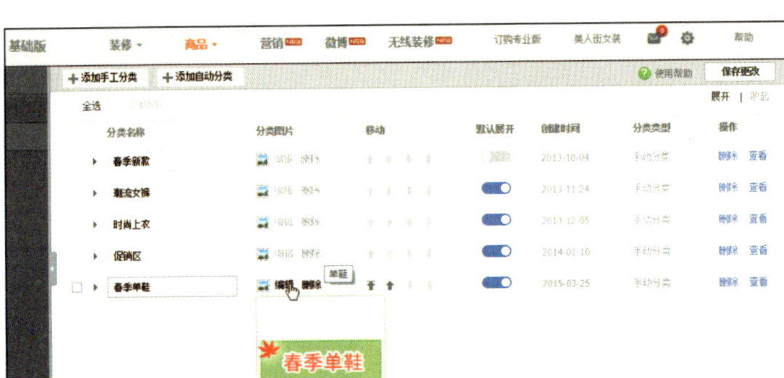

图 9-153　添加分类图片

第 137 招 添加商品分类

本节讲述添加商品分类模块，具体操作步骤如下。

（1）登录淘宝卖家中心，将光标放置在“图片轮播”上，单击底部的“添加模块”按钮，如图 9-154 所示。

（2）弹出“添加模块”对话框，单击“宝贝分类（个性化）”后面的“添加”按钮，如图 9-155 所示。

（3）选择以后即可成功添加个性化宝贝分类，如图 9-156 所示。单击右上角的“发布”按钮，即可成功发布预览店铺效果。

图 9-154 单击“添加模块”按钮

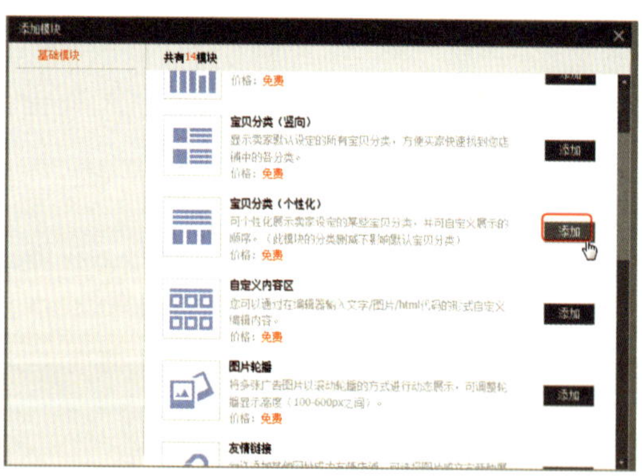

图 9-155 “添加模块”对话框

图 9-156 预览店铺效果

第 10 章

设计店铺右侧促销区模块和宝贝描述模板

网店都会做促销的，因此店家都会拿出一块区域专门放促销信息，这块地方就是促销区模块。淘宝装修模块中，促销模块是必不可少的。宝贝描述模板也是一个重要的模块。宝贝描述模板用得好，能吸引买家的注意力，并最终促成交易的达成。每个卖家都应该重视宝贝描述模板。

第138招　在线制作淘宝店铺装修模板

装修市场是淘宝官方的店铺装修平台，基于淘宝店铺，提供数万套高质量的网店装修模板，卖家可以实现一键装修，提升店铺经营。在线制作淘宝店铺装修模板具体操作步骤如下。

（1）登录淘宝卖家中心，单击“店铺管理”|“店铺装修”超链接，进入店铺装修页面，单击“装修”|“模板管理”超链接，如图10-1所示。

（2）进入到当前使用的模板页面，单击底部的“装修市场”按钮，如图10-2所示。

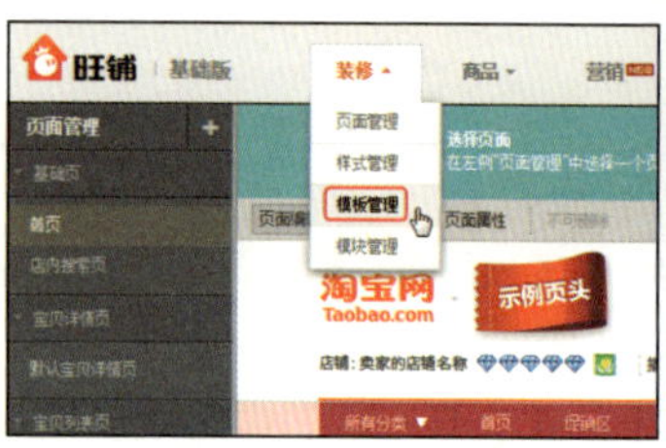

图10-1　单击“模板管理”超链接

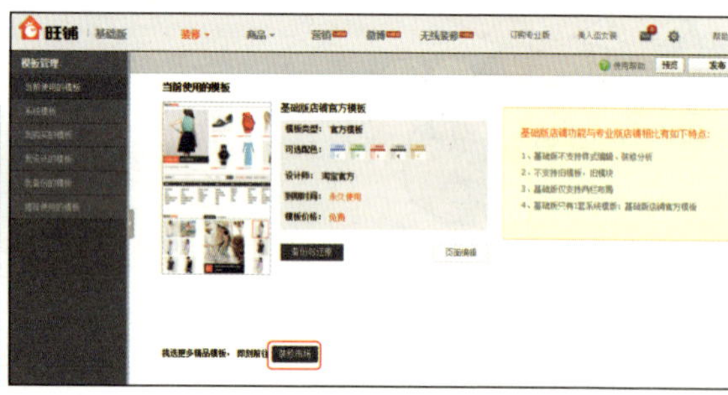

图10-2　单击“装修市场”按钮

（3）进入卖家服务装修市场，可以根据自己的店铺类型单击选择模板，如图10-3所示。

图10-3　选择模板

（4）选择以后可以显示模板的具体描述，单击“马上试用”按钮，如图 10–4 所示。

（5）弹出提醒提示框，单击“确定试用”按钮，如图 10–5 所示。

图 10–4　单击“确定试用”按钮

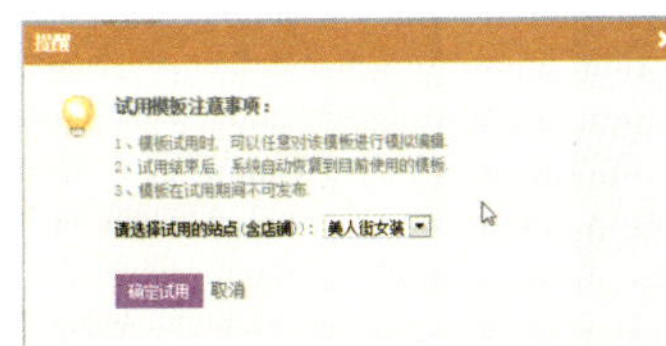

图 10–5　单击“马上试用”按钮

（6）即可预览自己应用模板以后的店铺效果，如图 10–6 所示。如果合适可以点击步骤（4）中的“立即购买”按钮，添加店铺装修模块。

图 10–6　应用店铺模板效果

第 139 招　动态店铺公告模板图的制作

店铺公告能够及时给顾客传达一些即时信息，本节就具体讲述其操作步骤。

（1）启动 Photoshop CC，打开图像文件 1.jpg，如图 10–7 所示。

（2）选择工具箱中的“横排文字”工具，在舞台中输入文字“小店公告”，如图 10-8 所示。

图 10-7　打开图像文件

图 10-8　输入文字

（3）选择“店”字在选项栏中将字体颜色设置为紫色，选择“公”字在选项栏中将字体颜色设置为蓝色，选择“告”字在选项栏中将字体颜色设置为绿色，如图 10-9 所示。

（4）选择工具箱中的“横排文字”工具，在舞台中输入店铺公告文本，如图 10-10 所示。

图 10-9　设置字体颜色

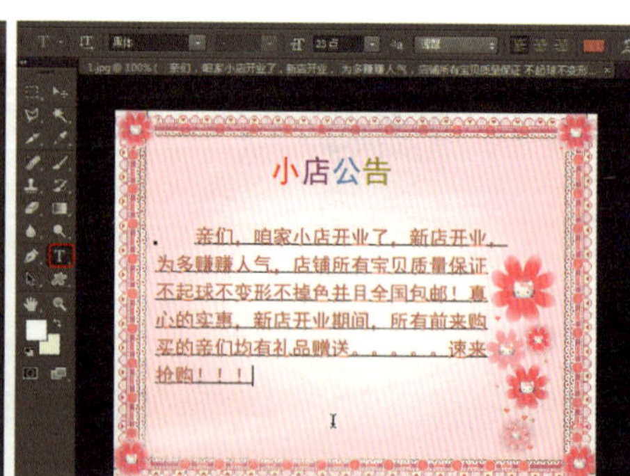

图 10-10　输入公告文本

（5）打开“图层”面板，选择输入的公告文本，将其拖动到底部的“创建新图层”按钮上复制文本图层，设置文本颜色为绿色，如图 10-11 所示。

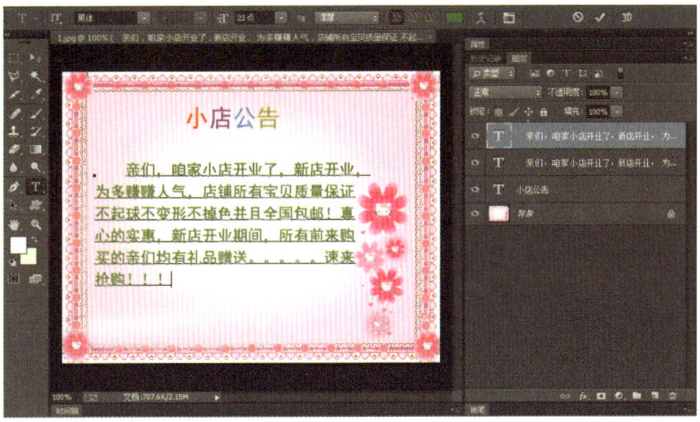

图 10-11　修改文本颜色

（6）选择“文件”|“置入”命令，弹出“置入”对话框，选择图像文件 2.jpg，如图 10-12 所示。

（7）单击“置入”按钮，置入图像文件，如图 10-13 所示。

（8）选择“窗口”|“时间轴”命令，打开“时间轴”面板，单击右下角的“复制所选帧”按钮，复制 1 帧，如图 10-14 所示。

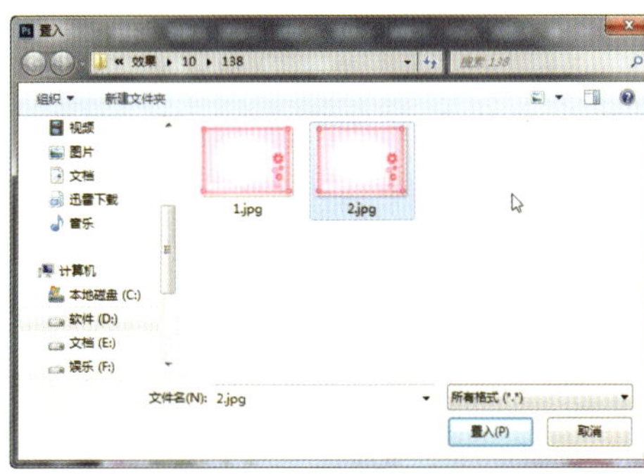

图 10-12　“置入”对话框

图 10-13　置入图像文件

图 10-14　输入店铺简介

（9）单击选中第 1 帧，在“图层”面板中隐藏置入的图像和绿色公告文本，如图 10–15 所示。

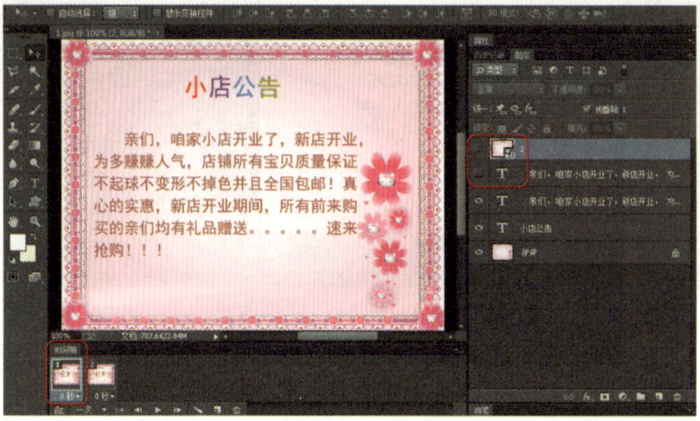

图 10–15　隐藏图像

（10）单击选中第 2 帧，在“图层”面板中将置入的图像拖入到背景图层的上面，隐藏背景图层和粉红色文本图层，如图 10–16 所示。

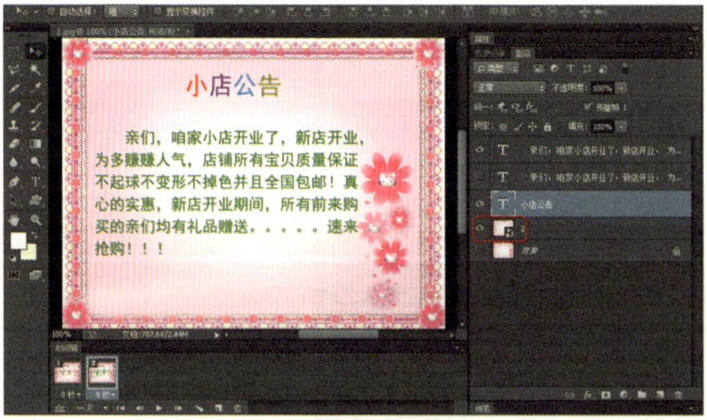

图 10–16　隐藏文本

（11）在“时间轴”面板中单击第 1 帧，右击鼠标在弹出的列表中选择 1.0，如图 10–17 所示。

（12）同步骤（11）将第 2 帧的帧延迟时间设置为 1 秒，如图 10–18 所示。

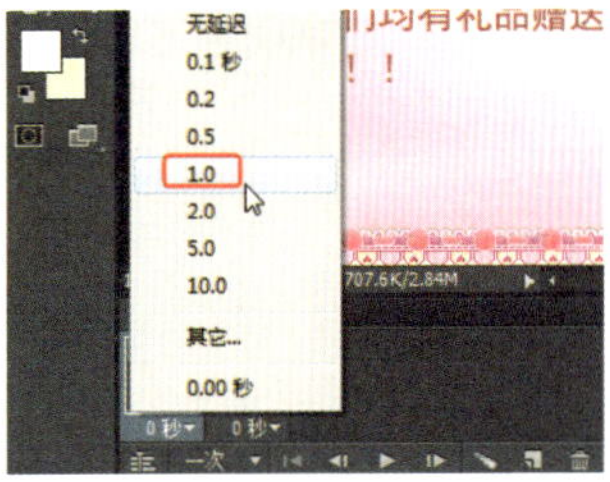

图 10-17　设置帧延迟时间

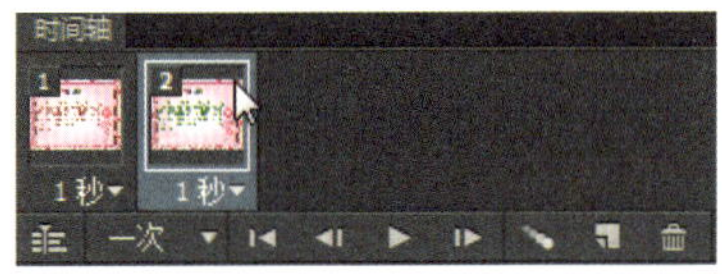

图 10-18　设置帧延迟时间

（13）选择“文件”|“存储为 Web 所用格式”命令，弹出“存储为 Web 所用格式”对话框，将“循环选项”设置为“永远”，如图 10-19 所示。

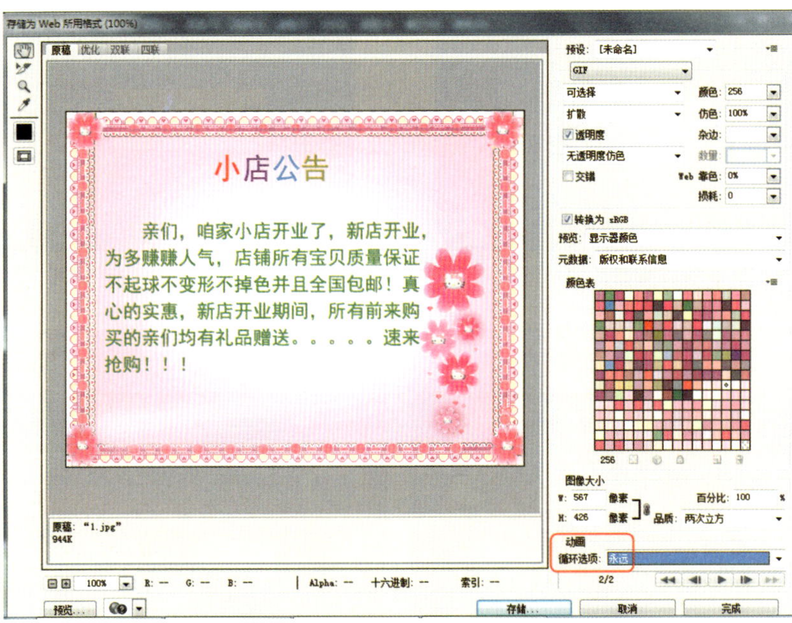

图 10-19　“存储为 Web 所用格式”对话框

（14）单击“存储”按钮，弹出“将优化结果存储为”对话框，将文件名设置为 gg，“格式”设置为“仅限图像”，如图 10-20 所示。单击“保存”按钮，即可存储图像。

图 10-20 选择存储格式

第 140 招 动态店铺公告模板的使用

本实例讲述动态公告模板的使用，具体操作步骤如下。

（1）登录淘宝卖家中心，单击“店铺管理”|“图片空间”超链接，进入图片空间页面，单击“上传图片”按钮，上传制作好的店铺公告图像，如图 10-21 所示。

图 10-21 上传图像

（2）返回到卖家中心，单击“店铺管理”|“店铺装修”超链接，进入到店铺装修页面，将光标放置在店铺公告上，单击右侧的“删除”按钮，删除原来的店铺公告，如图 10–22 所示。

图 10–22　删除店铺公告

（3）将鼠标放置在右侧模块上面，单击右侧的“添加模块”按钮，如图 10–23 所示。

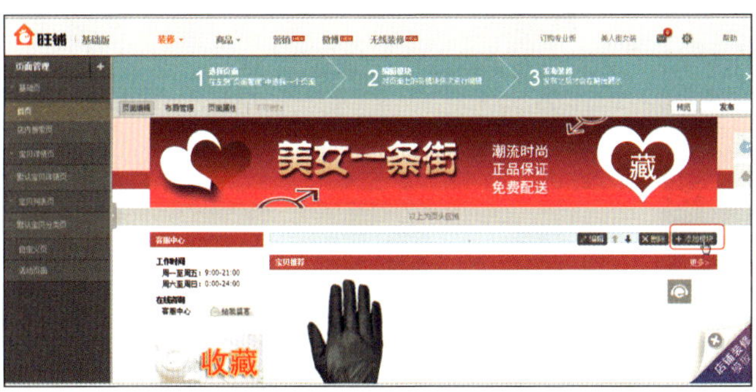

图 10–23　单击“添加模块”按钮

（4）弹出“添加模块”对话框，单击“自定义内容区”后面的“添加”按钮，如图 10–24 所示。

（5）选择以后添加自定义内容区块，将鼠标放置在上面，单击右侧的“编辑”按钮，如图 10–25 所示。

（6）打开“自定义内容区”编辑框，显示标题勾选“不显示”，单击“插入图片空间”图标，如图 10–26 所示。

图 10–24　“添加模块”对话框

图 10–25　单击“编辑”按钮

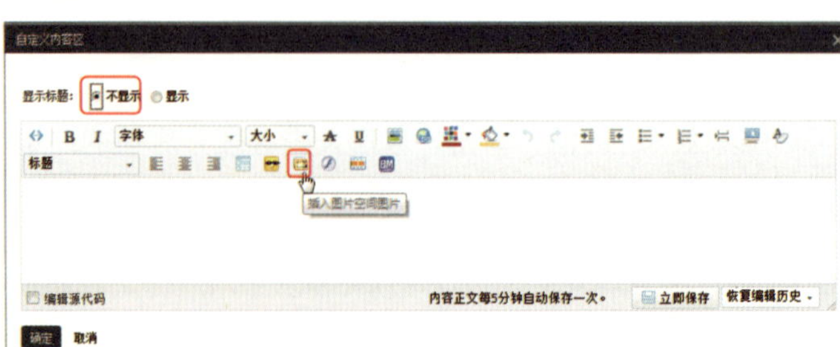

图 10–26　单击“插入图片空间”图标

（7）选择以后在底部可以看到上传的图像文件，单击选中图像单击底部的“插入”按钮，如图 10-27 所示。

图 10-27　选中上传的图像

（8）单击底部的“完成”按钮，即可成功添加动态店铺公告，单击“确定”按钮，添加动态店铺公告，如图 10-28 所示。

图 10-28　添加动态店铺公告

（9）单击右上角的“发布”按钮即可成功发布预览店铺效果，如图 10-29 所示。

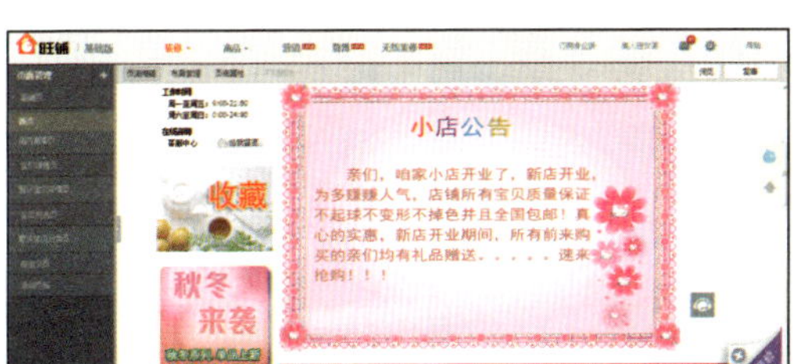

图 10-29　发布预览店铺效果

第 141 招 商品促销广告的制作

为店铺制作精美的公告和促销广告，最大的目的就是为了将自己的商品成功地推销出去。下面就来讲述促销广告的制作，具体操作步骤如下。

（1）启动 Photoshop，选择“文件”|“打开”命令，弹出“打开”对话框，打开图像文件“促销 .jpg”，如图 10-30 所示。

图 10-30 打开图像

（2）选择“文件”|“置入”命令，弹出“置入”对话框，在该对话框中选择图像文件 ren.gif，如图 10-31 所示。

图 10-31 “置入”对话框

（3）单击“置入”按钮，置入图像文件，将其拖动到合适的位置，如图 10–32 所示。

图 10–32　置入图像文件

（4）选择工具箱中的“横排文字”工具，在舞台中输入文字“我要和春天约会”，在选项栏中将字体设置为“萝卜修补小粗黑”，字体大小设置为 55，字体颜色设置为红色，如图 10–33 所示。

图 10–33　输入文字

（5）选择“图层”|“图层样式”|“渐变叠加”命令，弹出“图层样式”对话框，将“混合模式”设置为“叠加”，如图 10–34 所示。

（6）单击勾选“描边”选项，将描边颜色设置为浅绿色，如图 10-35 所示。

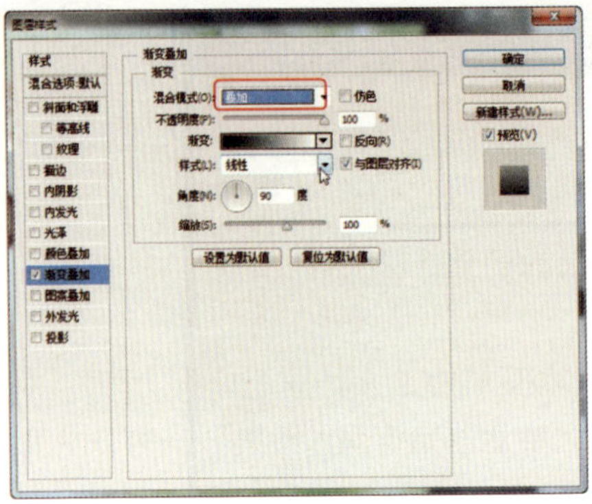

图 10-34　“图层样式”对话框

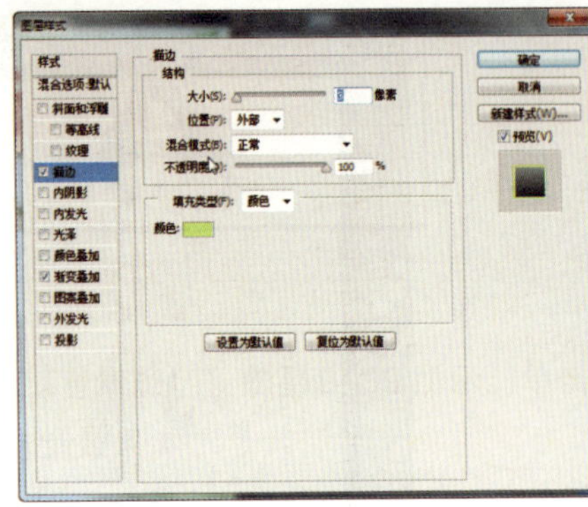

图 10-35　设置描边颜色

（7）单击“确定”按钮，设置图层样式，如图 10-36 所示。

图 10-36　设置图层样式

（8）选择工具箱中的“横排文字”工具，在舞台中输入相应的促销文字，如图 10-37 所示。

（9）选择“图层”|“图层样式”|“描边”命令，弹出“图层样式”对话框，将描边颜色设置为浅蓝色，如图 10-38 所示。

（10）单击“确定”按钮，设置图层样式，如图 10-39 所示。

图 10-37　输入促销文字

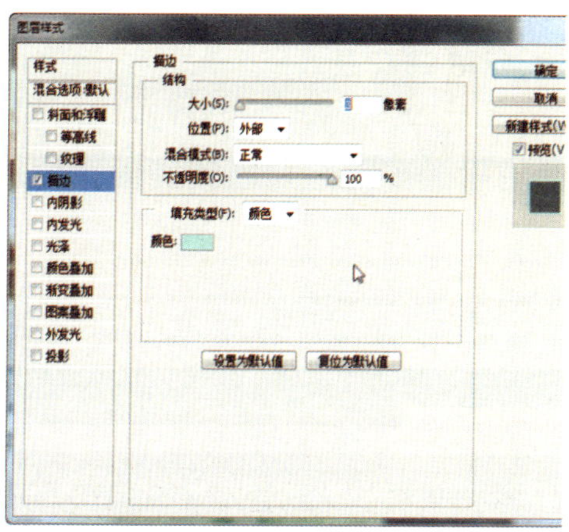

图 10-38　设置描边颜色

图 10-39　设置图层样式

（11）选择工具箱中的“自定义形状”工具，在选项栏中单击“形状”按钮，在弹出的列表中选择合适的形状，将填充颜色设置为蓝色，描边颜色设置为浅黄色，在舞台中绘制形状，如图 10-40 所示。

图 10-40　绘制形状

（12）选择工具箱中的“横排文字”工具，在形状上面输入文字“八折封顶，全场包邮”，如图 10-41 所示。单击“保存”按钮，即可成功完成促销广告的制作。

图 10-41　输入文字

第 142 招　广告图片的发布

本节讲述广告图片的发布，具体操作步骤如下。

（1）登录淘宝空间，单击“上传图片”按钮，将制作好的广告图像上传到图片空间，如图 10-42 所示。

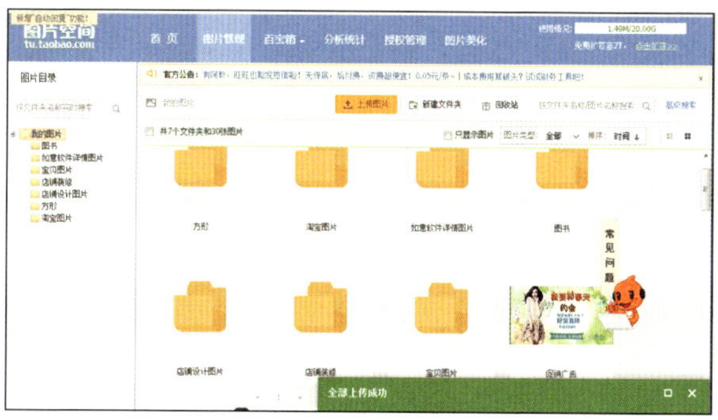

图 10-42　上传图片

（2）打开店铺装修页面，将光标放置在“店铺公告”上面，单击底部的“添加模块”按钮，如图 10-43 所示。

图 10-43　单击“添加模块”按钮

（3）弹出“添加模块”对话框，单击“自定义内容区”右边的“添加”按钮，如图 10-44 所示。

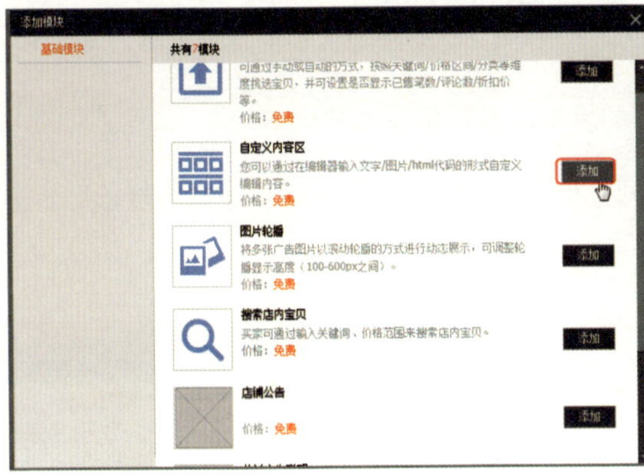

图 10-44　单击“添加”按钮

（4）选择以后添加“自定义内容区”模块，将光标放置在模块上面，单击“编辑”按钮，如图 10-45 所示。

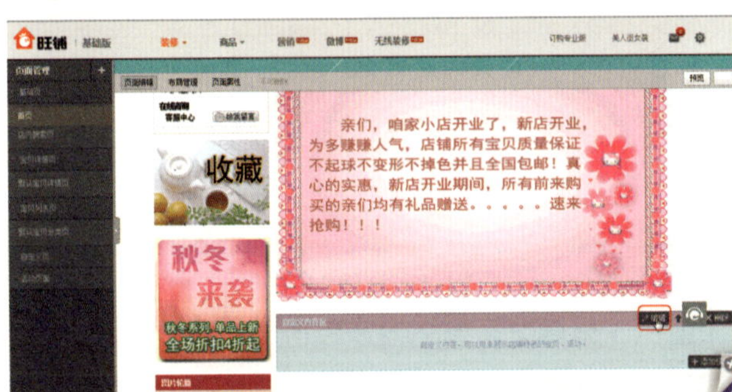

图 10-45　单击“编辑”按钮

（5）弹出“自定义内容区”编辑框，显示标题勾选“不显示”，单击底部的“插入图片空间图片”图标，如图 10-46 所示。

（6）在打开的图像选择框中，选择上传的促销广告，单击底部的“插入”按钮，如图 10-47 所示。

（7）插入图像以后单击底部的“完成”按钮，即可上传促销广告图像文件，单击“确定”按钮，即可添加促销广告模块，如图 10-48 所示。

图 10-46　“自定义内容区”编辑框

图 10-47　单击“插入”按钮

图 10-48　添加促销广告模块

（8）单击右上角的“发布”按钮，即可成功预览发布店铺效果，如图 10-49 所示。

图 10-49　添加促销广告模块

第 143 招　为什么要做好宝贝描述模板

网店装修中最重要的就是首页和宝贝描述页的装修。为什么要做好宝贝描述模板呢?

（1）根据抽样调查，发现中小卖家 99% 的顾客是从宝贝描述页进入店铺的，大卖家 92% 的顾客从宝贝描述页进入店铺。因此，宝贝描述页是店铺营销的核心所在，重中之重。

（2）买家决定是否购买，最关心的因素包括：宝贝图片、宝贝描述（参数规格、性能、属性等）、服务承诺、质量保障、描述可信度与专业度、使用说明、注意事项、快递事项、真实评价、优惠政策、客服态度、店铺信誉、店铺装修 13 项，其中 9 项属于宝贝描述的范畴。

第 144 招　在 Photoshop 中设计宝贝描述模板

淘宝店铺在上传宝贝的时候，需要写宝贝描述，有时候，很多宝贝描述内容都非常相似，这时候可以设置一个宝贝描述模板，在上传宝贝的时候，在模板的基础上修改即可，可以减少重复输入，提高效率。下面讲述利用 Photoshop 设计宝贝描述模板，具体操作步骤如下。

（1）启动 Photoshop CC 新建一个空白文档，选择工具箱中的“矩形”工具，在舞台中绘制粉色矩形，如图 10–50 所示。

（2）选中“滤镜”|“素描”|“半调图案”命令，弹出提示是否栅格化形状，如图 10–51 所示。

图 10–50　绘制矩形

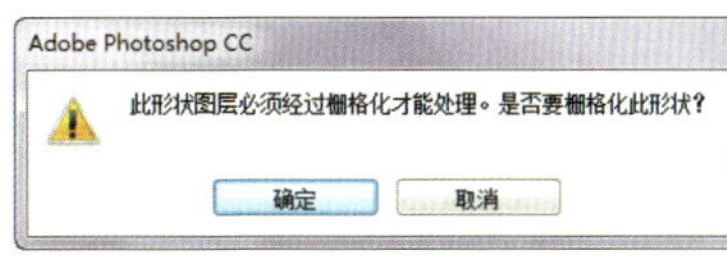

图 10–51　提示是否栅格化形状

（3）单击“确定”按钮，弹出“半调图案”对话框，如图 10–52 所示。

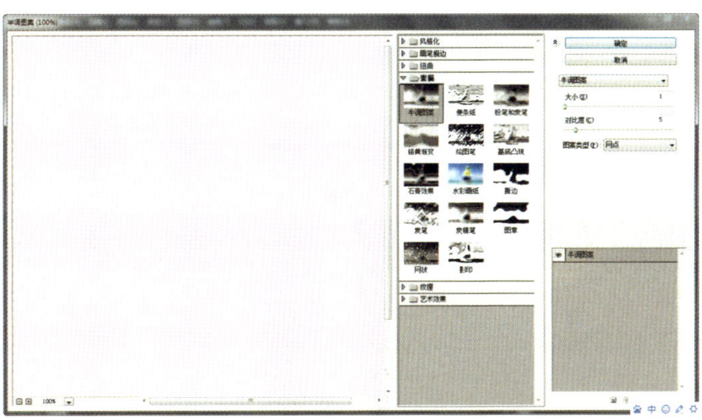

图 10–52　“半调图案”对话框

（4）单击“确定”按钮，即可将矩形添加半调图案，效果如图 10–53 所示。

（5）选择工具箱中的“自定义形状”工具，在选项栏中单击形状按钮，在弹出的列表框中选择合适的形状，在舞台中绘制形状，如图 10–54 所示。

图 10-53　半调图案效果

图 10-54　绘制形状

（6）选择“图层”|“图层样式”|“投影”命令，弹出“图层样式”对话框，将投影颜色设置为蓝色，如图 10-55 所示。

（7）单击“确定”按钮，设置投影效果，如图 10-56 所示。

（8）选择工具箱中的“横排文字”工具，在按钮上面输入文字“宝贝详情”，如图 10-57 所示。

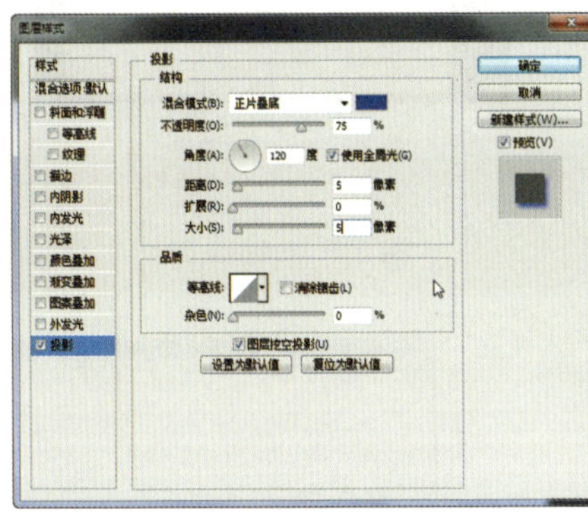

图 10-55　设置投影颜色

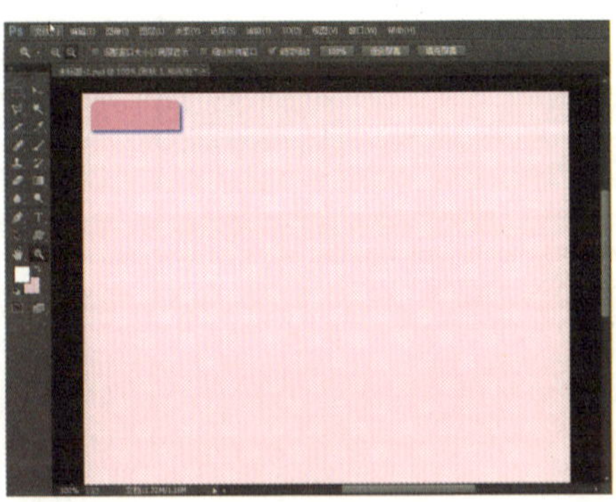

图 10-56　设置投影效果

图 10-57　输入文字

（9）选择“图层”|“图层样式”|“描边”命令，弹出“图层样式”对话框，将投影颜色设置为蓝色，单击“确定”按钮，设置文字描边效果，如图 10–58 所示。

（10）选择工具箱中的“矩形”工具，在舞台中绘制一粉色直线，如图 10–59 所示。

图 10–58　设置文字描边效果

图 10–59　绘制直线

（11）选择“图层”|“图层样式”|“投影”命令，弹出“图层样式”对话框，将投影颜色设置为蓝色，单击“确定”按钮，设置矩形投影效果，如图 10–60 所示。

（12）同步骤（5）~ 步骤（11）制作其余的模板说明导航，如图 10–61 所示。制作完成宝贝描述模板，然后保存图像文件即可。

图 10–60　设置矩形投影效果

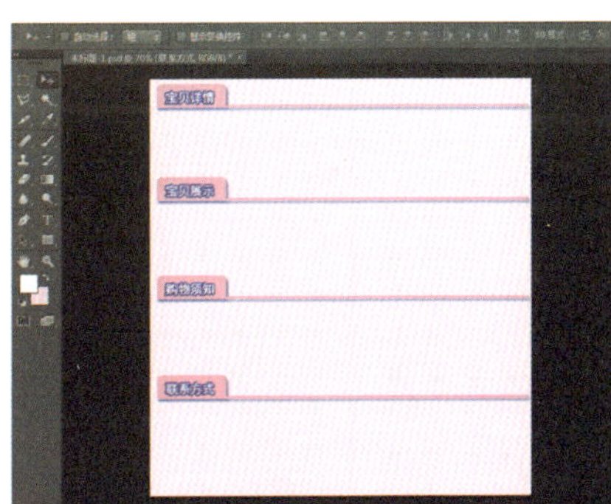

图 10–61　制作其余模板说明导航

第 145 招　将图片切割为适合网页应用的元素

本实例讲述将图片切割为适合网页应用的元素，具体操作步骤如下。

（1）打开上节制作完成的宝贝描述模板图像，选择工具箱中的“切片”工具，在舞台中按住鼠标左键绘制切片，如图 10–62 所示。

（2）在下面的图像上拖动可以绘制多个切片，如图 10–63 所示。

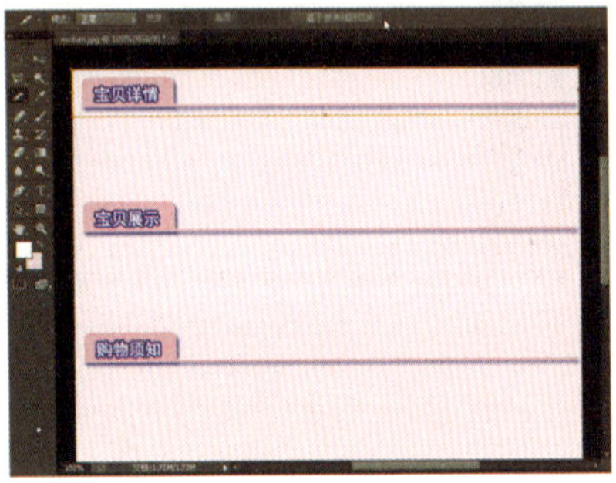

图 10–62　绘制切片

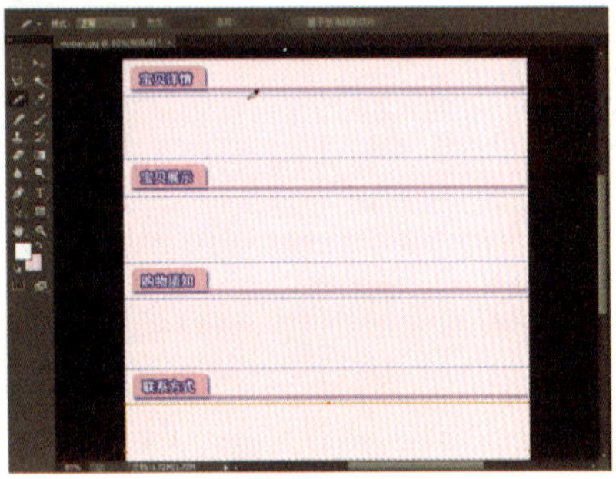

图 10–63　绘制多个切片

（3）选择“文件”|“存储为 Web 所用格式”命令，弹出“存储为 Web 所用格式”对话框，如图 10–64 所示。

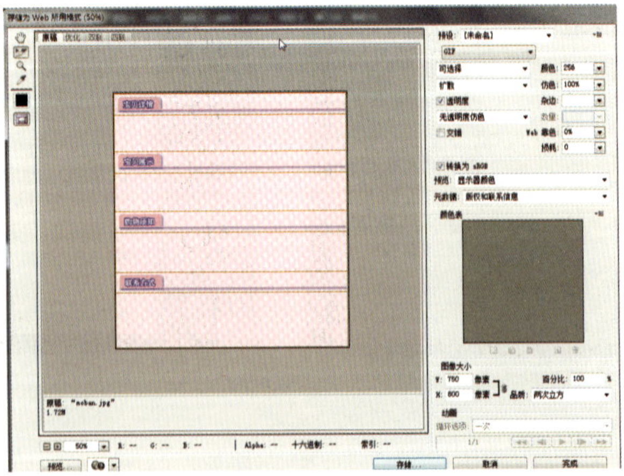

图 10–64　“存储为 Web 所用格式”对话框

（4）单击“存储”按钮，弹出“将优化结果存储为”对话框，将格式选择“HTML 和图像”选项，如图 10-65 所示。单击“保存”按钮即可将其成功保存为网页文档。

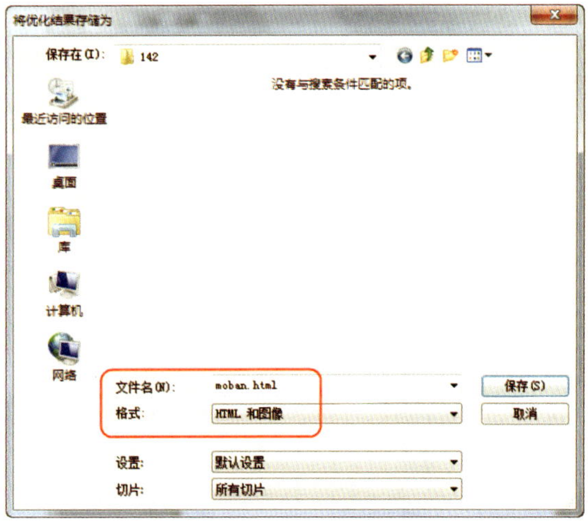

图 10-65　“将优化结果存储为”对话框

第 146 招　使用 Dreamweaver 生成网页代码

本实例讲述使用 Dreamweaver 生成网页代码，具体操作步骤如下。

（1）启动 Dreamweaver 打开上节生成的网页文件，单击选中宝贝详情下面的背景图像，如图 10-66 所示。

（2）按 Delete 键删除图像，打开“代码”视图，将其更改为背景图像文件 moban_02.gif，如图 10-67 所示。

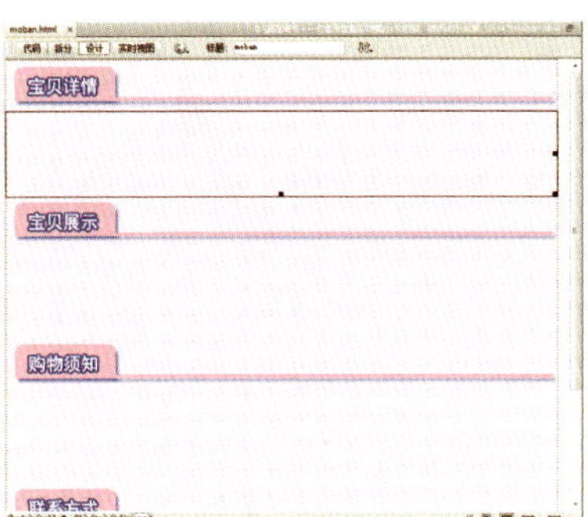

图 10-66　打开网页文件

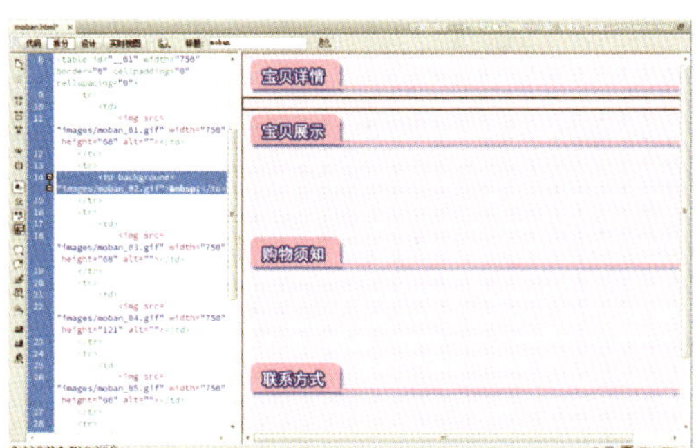

图 10-67　更换为背景图像

（3）同步骤（1）~步骤（2）将下面的几个空白图像文件都更改为背景图像 moban_02.gif，如图 10-68 所示。

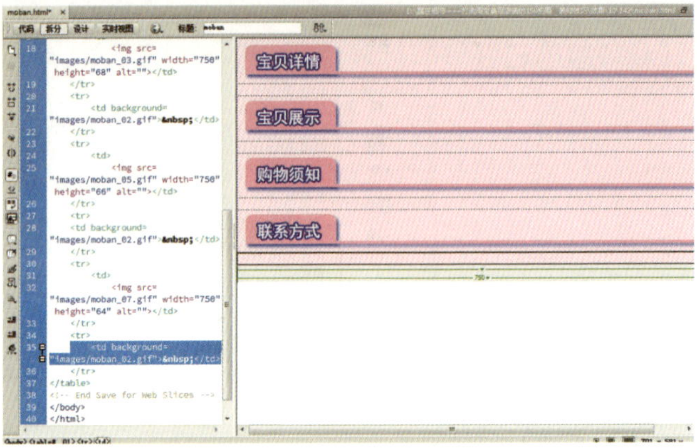

图 10-68　更改背景图像

（4）登录淘宝用户进入卖家中心，进入图片空间，选中切割以后的网页图像文件，将光标放置在图像上，单击“复制链接”按钮，如图 10-69 所示。

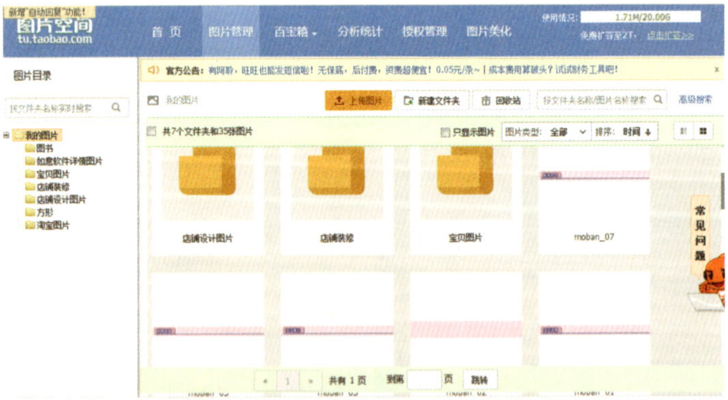

图 10-69　单击“复制链接”按钮

（5）返回到 Dreamweaver 单击选中图像，打开“代码”视图，将图像地址粘贴为复制的代码，如图 10-70 所示。

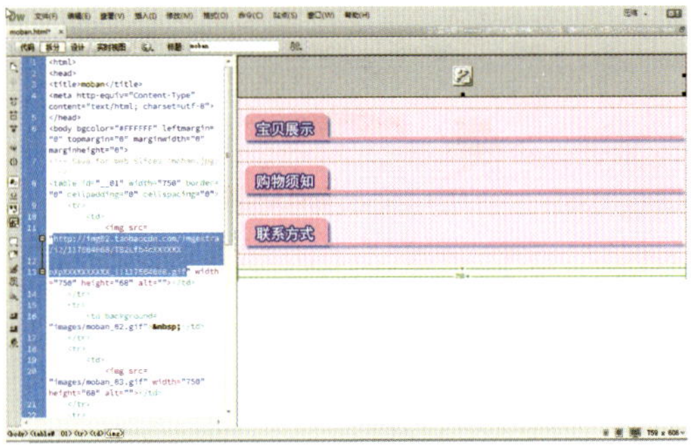

图 10-70　更换图像地址

（6）将下面的背景图像文件和图像全部更改为步骤（4）中复制的网上地址，如图 10-71 所示。

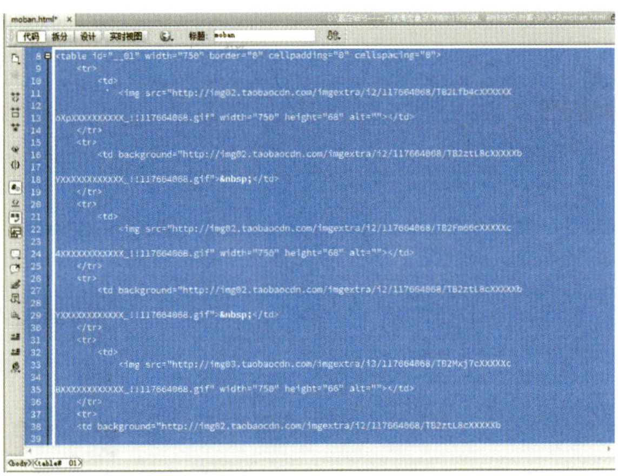

图 10-71　复制地址

第 147 招　发布商品描述模板

本实例讲述发布商品描述模板，具体操作步骤如下。

（1）登录淘宝网，进入卖家中心，单击“宝贝管理”|“发布宝贝”超链接，如图 10-72 所示。

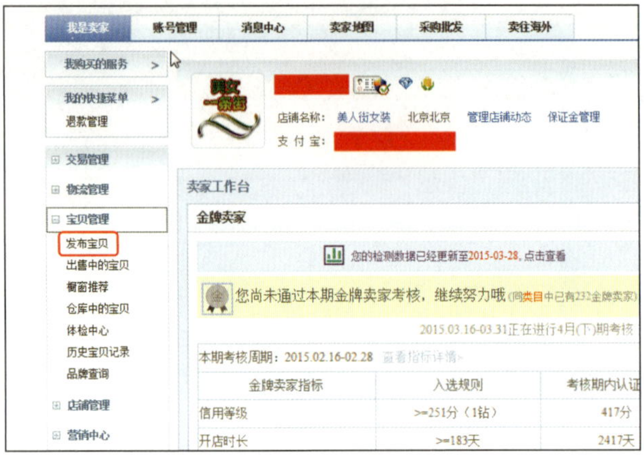

图 10–72 单击“发布宝贝”超链接

（2）进入选择“一口价”发布宝贝页面，选择宝贝的分类，如图 10–73 所示。

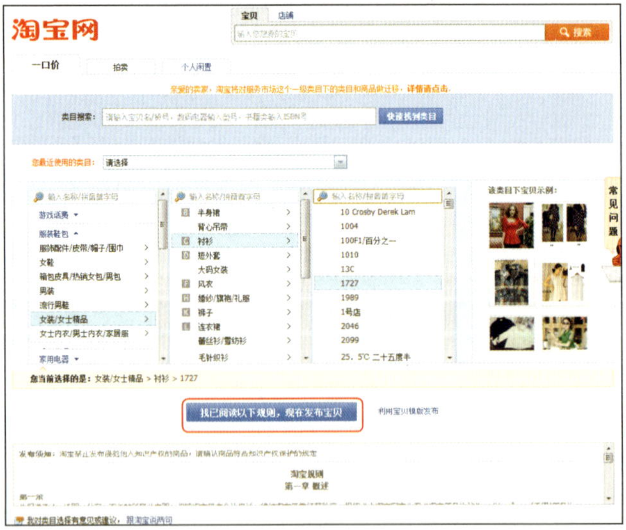

图 10–73 选择宝贝分类

（3）单击“我已阅读以下规则，现在发布宝贝”按钮，进入填写宝贝基本信息页面，如图 10–74 所示。

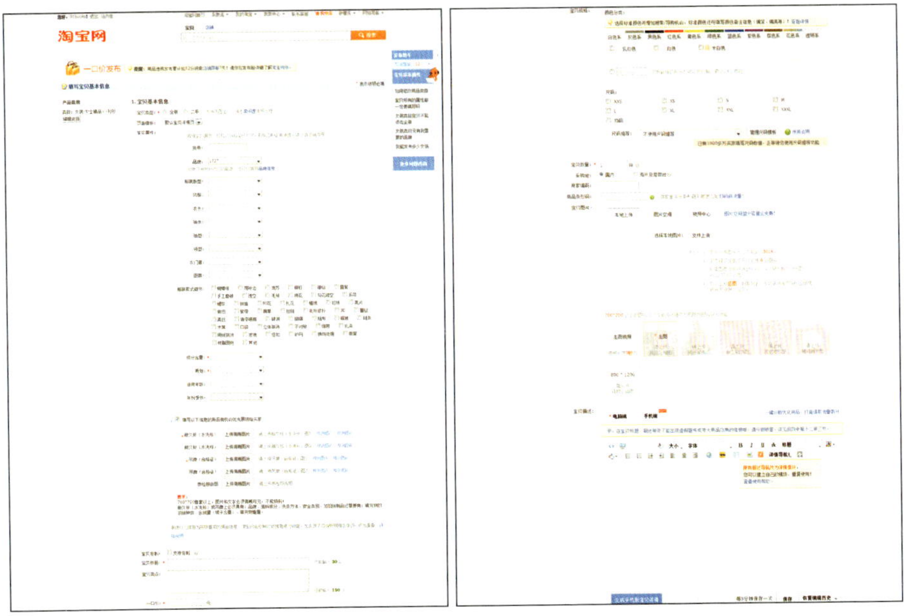

图 10–74　填写宝贝基本信息页面

（4）单击宝贝描述下面的“源码”按钮，输入上节步骤（6）复制的代码，如图 10–75 所示。

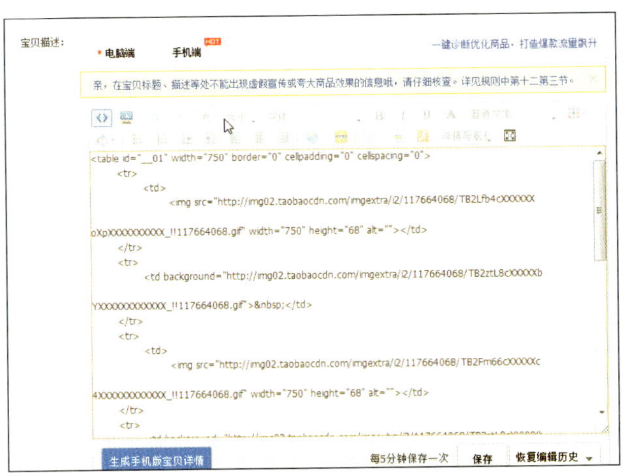

图 10–75　输入宝贝模板源码

（5）再次单击“源码”按钮，即可看见添加宝贝描述模板，可以根据需要输入宝贝的基本信息，如图 10–76 所示。

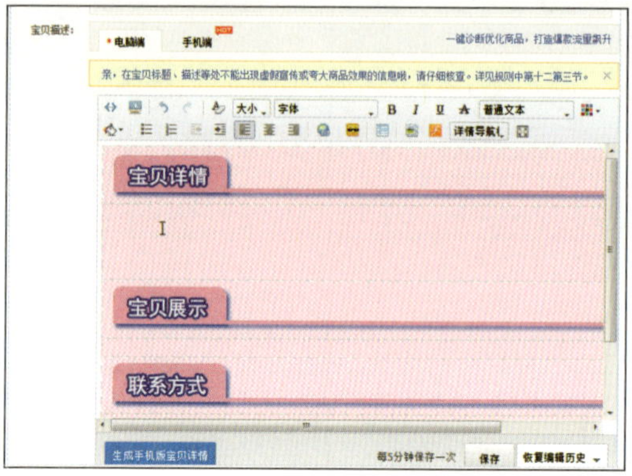

图 10–76 输入宝贝基本信息

第 148 招 手机店铺装修的操作步骤

随着移动支付的兴起，越来越多的人开始用手机购物，那么淘宝卖家如何做好手机店铺的装修呢？具体操作步骤如下。

（1）登录淘宝网，进入卖家中心，单击“店铺管理”|“手机淘宝店铺”超链接，可以打开手机淘宝店铺页面，如图 10–77 所示。

图 10–77 手机淘宝店铺页面

（2）单击“无线店铺”下面的“立即装修”超链接，进入“无线运营中心”，如图 10–78 所示。

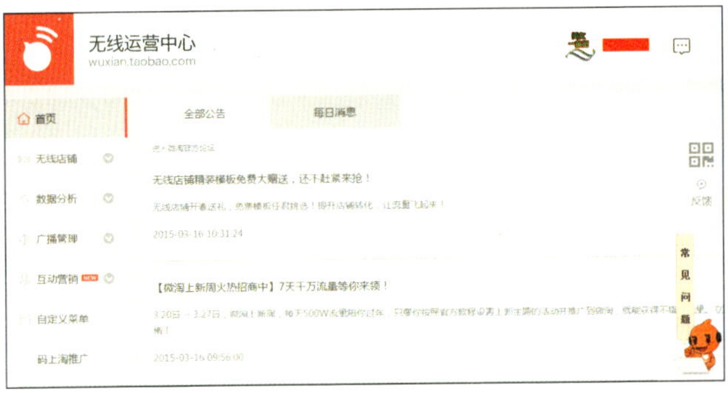

图 10–78　进入“无线运营中心”

（3）单击左侧的“无线店铺”|“店铺装修”超链接，打开页面管理，如图 10–79 所示。

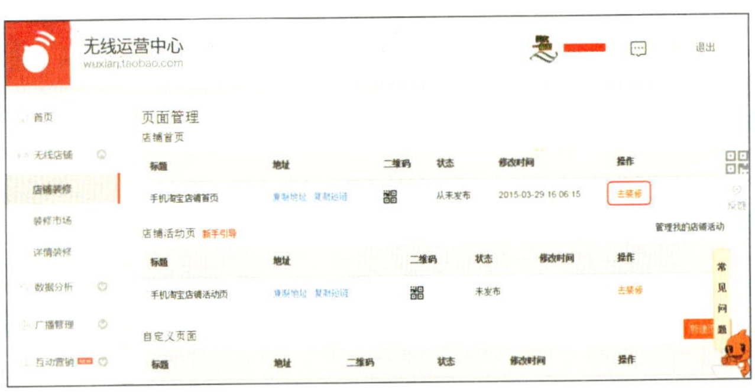

图 10–79　打开“页面管理”

（4）单击“手机淘宝店铺首页”后面的“去装修”超链接，进入“手机淘宝店铺首页”页面，选择宝贝的模块，单击右上角的“发布”|“立即发布”按钮，如图 10–80 所示。选择以后即可发布淘宝店铺。

（5）单击左侧的“详情装修”，打开“无线详情装修”页面，可以选择一些制作好的免费模板，如图 10–81 所示。

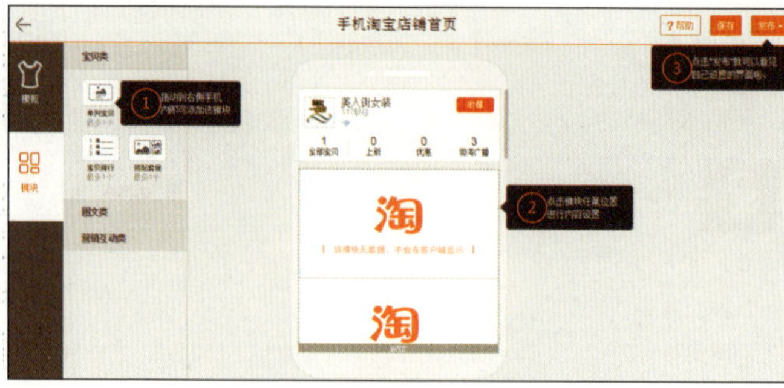

图 10-80　发布淘宝店铺

图 10-81　选择免费模板

第 149 招　手机店铺装修的图片原则

据统计截至 2014 年 12 月，我国网络购物用户规模达到 3.61 亿，2014 年我国手机网络购物用户规模达到 2.36 亿，其中手机网络购物用户的增长率为 63.5%，是网络购物市场整体用户规模增长速度的 3.2 倍，手机购物的使用比例提升了 13.5 个百分点达到 42.4% 。

手机淘宝越来越吃香了，成熟的淘宝店已经渐渐从 PC 端转而向无线移动端发展。手机淘宝店流量的提升，着重在于店内图片的设置，手机淘宝图片设置要注意的问题有哪些？移动端淘宝用户最关心是图片的打开速度，浏览界面时耗用的流量成本，图片排版是否美观等。

1. 图片大小

移动端淘宝店铺装修的各个模块，宝贝详情等每个图片的尺寸及大小都有限制，在设计图片时要考虑图片的限制条件，在保证图片完整及清晰的前提下，最大限度地减小图片的大小。

2. 图片色彩

色彩直接影响着买家的视觉体验，从而直接影响着网店的销量。

（1）手机端网店色彩建议使用高明度或高纯度色彩，提高用户视觉体验，如图 10-82 所示。

（2）需要突出产品信息的地方，可以采用互补色（如黄色与紫色互补）对比方式，利用反差做出层次化，突出主体部分，让买家及时获取到重要信息。

（3）整体装修主色调注意统一，色彩不要太多，如图 10-83 所示。

图 10-82　使用高明度或高纯度色彩

图 10-83　整体装修主色调统一

3. 图片构图技巧

（1）图片构成元素尽可能少，不要使用很多色彩，一张图中不要有多个宝贝图片。

（2）注意放大细节和局部，让人有眼前一亮的感觉。

第 150 招　手机店铺装修的促销技巧

在移动电商日益疯狂的大趋势下，卖家如何把握这一良机，做好移动客户端营销工作？手机店铺装修是一个重要的环节。一个拥有漂亮外观且用户体验好的手机店铺是促成订单成交的关键。

一个合理的店铺首页对店铺的发展起到重要的推动作用。首页装修的目标在于减少跳失率，增加转化率，增加访问深度。增加访问深度关键点是页面各个环节之间的跳转要符合买家的需求，因此，卖家在装修店铺首页时一定要设置好二级页面。

（1）装修手机店铺首页，重点在 1 到 3 屏，在装修前一定要突出店铺活动广告、产品分类、上新及热销商品栏、特卖专区，如图 10–84 所示。

图 10–84　手机店铺首页

（2）无线端的二级页面在设计上需要更加精心，卖家可以把互补性的二级页面放在一起，增强互补性，减少替代性，增加成交订单量。

（3）近一半的用户都是通过宝贝详情页进入店铺。在详情页图文设置上，图片 + 文字 + 音频总体量要控制在 1.5M 以内；图片仅支持 JPG、GIF、PNG 格式，图片宽度为 480 ～ 620 像素、高度不大于 960 像素，如图 10-85 所示宝贝详情页。

图 10-85　宝贝详情页